総決算

ジャーナリストの50年

池上 彰
Akira Ikegami

ハヤカワ新書 025

はじめに――移り変わる報道の世界に身を置いて

二〇二四年の元日に発生した能登《のと》半島地震。大きな揺れに続いて、気象庁は津波警報を出した。揺れを感じた直後にＮＨＫを見たぼくは、アナウンサーの口調の激変に度肝を抜かれた。それまで冷静に地震の情報を伝えていた女性アナウンサーが「津波が来ます。今すぐに逃げてください！」「テレビを見ていないで、急いで逃げてください！」のセリフには感心してしまった。これこそ命を救うメディアの真骨頂ではないか。

このときぼくは、かつて取材した日本海中部地震の津波の被害の現場を思い出していた。遠足に来ていた大勢の小学生が津波に呑まれて亡くなるという悲劇が起きた男鹿《おが》半島の加茂《かも》青砂《あおさ》海岸でのことだった。詳しくは本文に譲るが、大きな地震が起きると津波が来る。津波から人命を救うにはどうしたらいいか。この取材以来、ぼくが考えていたことが、いまテレビ画面で展開されているではないか。

人間には「正常化バイアス」というものがある。「きっと大丈夫」という根拠のない思い込みによって、人はなかなか非常時に対応できない。こういうとき、ふだん冷静なアナウンスをしている人が絶叫すれば、誰もが「異常事態が起きた」と考え、行動に移すだろう。あえて絶叫することが人々の行動を促す。そうか、この方法があったのか。思わず膝を打つ思いだった。

放送というメディアは諸刃《もろは》の剣《つるぎ》だ。上手に使えば人の命を救うことができる。アナウンサーの絶叫は、二〇一一年三月の東日本大震災でのテレビ放送の反省から生まれたものだという。冷静なアナウンスをしていては、人は動かない。絶叫してこそ人は動く。局内での検討会の結果ではあったのだが、それを生放送中にとっさに実行に移すことができたのは、大したものだと思う。テレビには、まだまだ可能性があるのだ。

その一方で、放送は人を傷つけてしまうこともある。差別的な表現やプライバシーを侵害する内容があれば、それらが公共の電波に乗って不特定多数の視聴者に届いてしまうことになる。また近年、ＳＮＳが大きな問題になっている。能登半島地震では「Ｘ」（旧ツイッター）に大量の虚偽情報が投稿された。災害の翌日には岸田文雄首相が記者会見で虚偽情報の発信を非難するまでになった。ＳＮＳもまた、有効に活用すれば人命を救うことになるが、悪用されれば不安をかき立てることになってしまう。その現実を見せつけられた。

さらに最近はＳＮＳ上に偽の「池上彰」が何人も登場し、投資を呼びかけている。ぼくはジャーナリストとして、投資に関する取材・解説をすることはあるが、投資を呼びかけることなどありえない。この問題を取材したテレビ局の記者が、「池上彰」を名乗る人物に本物かどうかを問い質《ただ》したところ、なんとこの人物が答えた音声が、ぼくの声にそっくりではないか。ＡＩによって合成された偽の音声だった。イントネーションはおかしかったが、声の質はぼくそのものだった。遂にフェイク情報はここまで来てしまったのか。

ぼくは一九七三年にＮＨＫに記者として入局し、島根県や広島県で勤務した後、東京の報道局で取材を続け、元号が平成になってからはキャスターを務めることになった。そして二〇〇五年三月二六日をもって、担当していた「ＮＨＫ週刊こどもニュース」のキャスターを降り、三月三一日でＮＨＫを退職した。定年退職まではまだ間があったが、早期退職制度を利用して、あえて辞めることにした。

これ以上ＮＨＫにいると、記者だった期間より、それ以外の期間のほうが長くなってしまうからだった。ぼくがＮＨＫに記者で入り、記者の仕事をしていた期間は一六年間。一九八九年からは、今度はテレビの画面に顔を出すというキャスターの仕事を、やはり一六年間。記者とキャスターの期間が同じになってしまった。

これ以上いては、「ぼくは記者でした」と言えなくなってしまうような気がしてきたのだ。それなら、組織を抜けて、フリーの一記者になり、改めて記者の仕事を始めてみたい。これが、ぼくの思いだった。

　ぼくは、小学生のときに出合った一冊の本がきっかけで、「記者になりたい」と考えるようになり、ジャーナリズムの世界に入った。希望通り記者になれた。現場で悩みながら、一生懸命走ってきた。そして、ふと気がつくと、いつの間にか、小学生に向けて、ニュースを解説している自分がいた。

　ぼくが小学生のときに『続　地方記者』を読んで新聞記者を志したように、番組を見たのがきっかけになって、「テレビの記者になりました」「新聞記者になりました」と言う人に会うようになった。こんなに嬉しいことはない。

　ぼくは記者になるとき、「特ダネをとる記者」になりたいと思った。記者になってからは、そのための努力もしてきた。それなりに他社の記者が慌てる特ダネを書くことができたと思う。でも、途中から、「わかりやすく伝える」ことに力を注ぐようになってきた。いくら特ダネをとることができても、それを視聴者にわかってもらえるように伝えられなければ、そもそも意味がないからだ。

　とりわけ、ニュースを視聴者に伝えるというキャスターの仕事をするようになってからは一層のこと、「わかりやすさ」とは何かを考え続けてきた。

　さまざまな情報を集めて整理し、それをわかりやすく伝える。その作業の全体が、ジャーナリズムの仕事なのだろうと考えるようになった。

ＮＨＫを退社してからは、世界各地を取材して回り、これまでに九〇の国と地域を取材した。また、民放各社から出演依頼を受け、民放での仕事も経験するようになった。

さらに二〇二四年四月からは、再びＮＨＫでレギュラー番組を担当することになった。その名も「時をかけるテレビ」。ＮＨＫが過去に放送した豊富な番組を、現時点で再編集して紹介する番組だ。これを見ることで、ぼくたちは昭和、平成、令和という三つの時代を振り返ることができるはずだ。


本書では、ぼくが記者としてキャスターとして体験し考えてきた三つの時代をたどってみることにする。この間に何が変わり、何が変わらず残っているのか。報道の現場を知ることは、日々のニュースに向きあう心構えにもなることと思う。

ぼくは昔から、記者の仕事が大好きだった。自分が記者の仕事をするのも好きだが、記者の仕事を扱った本を読むのも好きだった。記者をめざした学生時代、そして記者になってからも、いわゆる「記者もの」と呼ばれる新聞記者の世界のドキュメントを読みふけった。読売新聞記者から推理作家になった三好徹、佐野洋が描く事件記者の世界の小説も夢中になって読み漁った。

こうした本が、記者としての仕事をする上で、どれだけ役立ったことか。でも、なぜか最近は、そうした種類の本にあまりお目にかからなくなっている。記者の仕事を知りたいという需要が減ったためだろうか。それとも、いまさらそういう種類の本を書く物好きがいなくなってしまったからなのか。

それでも、世の中には、「将来自分も記者になりたい」と思っている人がいるだろう。仕事の悩みを抱えている若い記者もいることだろう。ジャーナリズムの世界とは無縁でも、記者の世界を知りたいという読者もいるだろう。あるいは、テレビの裏側を知りたいという人もいるかも知れない。そんな人たちのために、ぼくはこの本を書いてみた。記者を目指した子ども時代から、実際に記者になっての体験談、そしてジャーナリズムについて考えていること。雑多な内容を盛り込むことになったが、ぼくの人生の総決算でもある。昭和、平成、令和を振り返りながら「こんなヤツもいるんだ」と思いながら読んでいただければ、こんなに嬉しいことはない。

目次

本書は『記者になりたい！』（新潮文庫、二〇〇八年）を大幅に加筆修正し、改題したものです。

第一章

新聞の時代から放送の時代へ

あさま山荘事件。全国の人がテレビ中継に釘づけになった

一冊の本が人生を決めた

一冊の本が人生を決めることがあるものだ。ぼくの場合が、そうだった。

小学生のころから本を読むのが大好きだった。食事の時間を忘れて本を読んでいて、母親から、「本ばかり読むのはやめなさい」と怒られるほどだった。親に隠れて、こっそり本を読むこともしばしばだった。

ぼくの父親が本好きで、自宅には本棚がいくつもあった。夏目漱石全集や森鷗外全集などが並んでいた。小学生のころ、そこから、『坊っちゃん』や『吾輩は猫である』など、おもしろそうな題名の本を引き出しては、読んでいた。

毎月親からもらうこづかいは、本代に消えた。そして運命の出合いの本が、『続　地方記者』だった。ぼくに記者になることを決意させた本だった。当時、ぼくの自宅近くには小さな書店が二軒あった。そのうちの一軒で、この本に出合ったのだ。

朝日新聞社から出版されたこの本には奥付に、「昭和三七年八月十日第一刷発行」と書いである。「定価三二〇円」だ。

『地方記者』という本がはじめに出て、その続編が出版されたということらしい。後になって、『地方記者』も読んでみたいと思うようになり、古書店でやっと入手できたが、内容は大したことがなかった。続編のほうが出来がよかったのだ。もし『地方記者』に先に出合っていたら、そんなに新聞記者にあこがれることはなかったかも知れない。不思議なものだ。

「地方記者」にあこがれた

『続　地方記者』には一九の記者の物語が詰まっていた。

冒頭は、新聞社の「支局長」の一人語りで始まる。

「支局長は鵜匠だ。支局員、通信局長が獲物を捜して泳ぎ回る。その首っ玉に電話が結びつけてある。夕刊どきと朝刊どき、ウがはき出す原稿を支局長は電話さばきでこなしていく。交通事故、けんか、傷害、窃盗などからザコかアユかを選り分ける」

小学生だったぼくには、新聞社の支局長がどういうものか、よくわからなかったが、要するに、地方の県庁所在地にある支局の「親玉」だ。記者たちに取材の方法を指導し、記者が書いた原稿を直し、本社に送る、という仕事をしている。たとえ「ベタ記事」と呼ばれる小さな記事でも、苦労して紙面を飾ったものについて、この「支局長」は、こう書いている。

「たった一日の命しかないニュースを支局長はいつまでも覚えている」

岐阜県で起きたダム建設現場の作業員生き埋め事故。生き埋めになった作業員たちが、落ちた岩盤の隙間で生存している写真を撮ることに、新聞記者が成功する。この写真は、記事と共に「特ダネ」になった。

本社から「特ダネ賞」一〇〇〇〇円が届く。特ダネをとった記者は、仲間と共に、「ドンチャンさわぎした。もちろん彼のその月の給料は、特ダネ祝賀会の費用にとんでしまった」。

小学生のぼくは、このとき「特ダネ」という言葉をはじめて知り、魅せられた。その後、この「特ダネ」をとるのがいかに大変なことか、その一方で、他社に「特ダネ」を抜かれることが、どれほど屈辱的なことかを痛いほど知るようになるのだが……。

新潟県の山の中で、東京の大学助教授が人妻と心中するという事件に出くわした記者。山道に「遺書」が置いてあったことから事件が発覚したが、遺書は英文で書かれていた。英語が読めない「駐在さん」（駐在所の巡査）から読んでくれ、と頼まれた記者が読む。

「大学助教授の英文の遺書は、詩のように美しいものだった。死場所といい、二人の死の有様といい、これまた理想的な道具立てであり、見事な演技ぶりであった」

記者は、この心中をあたかも賛美するかのような気持ちになっていた。ところが、その気持ちは、「駐在さん」の一言で暗転する。

「遺書をわざわざ林道に落したということは、自分らの死体をできるだけ早く見つけてもらいたいという気持からだろう。ところがその遺書は、わしらや百姓には読めない横文字で書いてある。死体はみつけてもらいたいが、お前らに事情などは知ってほしくない——そういう下心からじゃないか」

こんな物語（実際にはドキュメント）を読んでいくうちに、ぼくは新聞記者とりわけ地方記者の仕事ぶりにすっかり虜《とりこ》になってしまった。

「将来は、地方で仕事をする新聞記者になろう」と決心したのである。

そのころ、テレビはニュースをほとんど放送していなかった。テレビ局にも記者がいるなんて、知らなかったのである。

この『続　地方記者』をあらためて読み直してみると、若い男性が珍しい農村地帯で、若い新聞記者が二人の女性から思いを寄せられる、なんてエピソードも見つかった。ぼくが地方記者になろうと決心したのは、意外にこの場面が印象に残ったからかも知れない、などといまになって思うのだが。記者なら誰でももてるわけではない、という事実は、その後、身をもって確認することになる。

新聞を読むのも好きだった

ぼくは小学生のころから、新聞を読むのも大好きだった。そのころの新聞は、いまほどページ数があるわけではない。新聞記事でも、政治や経済のことはむずかしくてわからなかったけれど、「社会面」は面白かった。「社会面」とは、事件や事故、町の話題のような記事が掲載されているページのことだ。このページは、毎日熱心に読みふけったものだ。

夕刊には連載小説も載っている。これを読むのも楽しみだった。中には、いささか大人向きの小説もあって、読んでいるところを母親に見つかって叱られる、ということもあったのだが。

そのころ、NHKのテレビドラマで、「事件記者」という番組が毎週放送されていた。警視庁記者クラブが舞台だった。

事件を追いかける記者が、ときには警察より先に犯人に行き着いてしまう。「こんなこと、あるわけない」と思っていたが、その後、記者になり、それも警視庁記者クラブで事件の取材をするようになると、本当に事件の犯人に警察より先に行き着いてしまう、ということが起きるのだ。その話は、また後ほど。

ぼくがNHKに入った後、同期の新人記者たちの自己紹介で、「小学生のころに見た『事件記者』にあこがれて記者をめざした」と発言した者が何人もいた。テレビが人生を決める、ということもあるものだ。

新聞記者は「正義の味方」だった

高校生のとき、民放で、「ある勇気の記録」というドラマが毎週放送されていた。広島市に本社のある中国新聞の記者たちが主人公だった。

一九六三年、広島市内で暴力団の抗争が激化し、拳銃発砲事件が相次いだ。これをきっかけに、中国新聞社報道部は、反暴力団キャンペーンを開始。暴力団員による嫌がらせにもひるまず、紙面で暴力団と対決した。これがテレビドラマになったものだった。

新聞記者が、「社会の悪」と勇気を持って全面対決する。ぼくは、これにあこがれた。新聞記者は、まさにぼくにとって「正義の味方」だった。新聞記者にますますあこがれるきっかけになった。

高校生のころは、ベトナム戦争真っ盛りでもあった。新聞で、ベトナム戦争の記事を熱心に読んだ。特に朝日新聞の夕刊に連載された本多勝一記者の「戦場の村」は衝撃的だった。本多記者が、南ベトナムの人々の暮らしをリポートしたものだ。これは、その後、本にまとめられ、いまでも文庫で手に入る。

本多記者は、米軍と戦う解放戦線のゲリラの村に潜入し、ゲリラたちがどんな暮らしをしているかを詳細にルポしている。この連載記事では、一枚の写真が脳裏に焼きついている。米軍の戦車が、南ベトナムの水田の中を走り抜けている写真だ。せっかく実った稲が、無残に倒されている。

この写真を見たとき、ぼくは「米軍はベトナム戦争に勝てない」と思ったものだ。米軍の兵士にとっては、水田の稲など、ただの草にしか見えなかったのかも知れない。しかし、アジアの農民の稲作への思い・愛情を理解することができない他国の軍隊が、住民の支持を得られるわけがない。すでに戦争に負けている、とぼくは思ったものだ。やがて米軍はベトナムからの撤退に追い込まれる。

ベトナム戦争をきっかけに、ぼくは、世の中のこと、世界のことを真剣に考えるようになった。「どうして人は戦争をするのだろう。どうすれば、戦争をやめることができるのだろう」と考え込んだものだ。この疑問は、いまでも答えが出せないでいる。

大学に入ると、全国の大学は、「学園闘争」とか「学園紛争」とか呼ばれる時代に入っていた。そもそもぼくが大学受験のとき、東京大学と東京教育大学（現在の筑波大学の前身）は、学園闘争が泥沼化し、大学入試が中止になっていた（東京教育大学の場合、体育学部だけは闘争と無縁で、入試は予定通り行われたが）。

大学に入っても、学生たちはまもなくストライキに突入し、授業は中止になった。キャン

ベトナム戦争中、ナパーム弾による爆撃から泣き逃げる子どもたち

パスの外では、毎日のように学生集会や学生デモが行われていた。

当時の学生運動は、大学内部の改革を求めるもの、授業料値上げに反対するもの、ベトナム戦争や安保条約に反対する政治的色彩の強いものなどさまざまだった。

さまざまな政治的集団（これをセクトと呼んだ）が乱立し、大学ごとに主導権争いも起きた。

全国各地の大学では、学生たちが学生集会を開いてストライキを決議し、大学の正門を机や椅子でふさぎ（これをバリケードと呼んだ）、授業ができないようにすることが相次いだ。これに対して大学側は、警察の機動隊に出動を要請してバリケードを強制的に排除する、という対抗措置に出ることが多かった。

ここで、世の中のことを、また考えた。自分がこの目で見た集会やデモのことが、翌日の新聞記事を見ると、どうも事実関係が違った報道になっている。テレビのニュースを見ても、現場での様子と、受ける印象が微妙に異なる。事実が正しく報道されていないのではないか、と思えることが相次いだのだ。

どこをどう報道すれば正しい報道になるのか、その点は自分でもはっきりしなかったのだが、「マスコミの報道は正しいもの」という思い込みに疑問を抱くようになっていった。

マスコミ入社試験の勉強もしてみた

大学の三年生にもなると、就職を意識するようになる。学生として感じたマスコミ報道への違和感と、小学生のときに決意した「地方記者」への道。両者あいまって、「マスコミの世界に入って、世の中の出来事をみんなに正しく伝えたい」と思うようになった。

当時、マスコミの試験といえば、まずは学科試験に受からないと、その先の面接試験に進めない。マスコミ志望者は、学科試験の準備勉強から始めることになる。

学科試験は、時事問題と英語、それに小論文（作文）というのが定番コースだった。大学の授業には出ないで、もっぱら大学図書館の談話室に陣取り、新聞を丁寧に読んだり、過去の問題を解いてみたり、作文を書いてみたり、という自己流の勉強を少しずつ始めていた。

東大闘争。法学部棟の屋上に立てこもり封鎖解除の機動隊を待ち受ける中核派などの学生たち。60年代終わりから学生運動は激化していった

ほとんどの民放は一般試験がなかった

当時の民放は、採用人数も少なく、そもそも一般公募の形で入社試験をするところがほとんどなかった。誰でも自由に受けられたのは、中部日本放送の一般職と、ラジオの文化放送のアナウンサー試験だけだったという記憶がある。

そんなとき、ある民放が、コネのある学生だけを集めて、こっそり試験を受けさせるという情報を得た。ぼくは、その会社の赤坂の本社まで、「せめて試験だけでも受けさせてください」と直訴に行ったものだ。しかし、人事担当者の声は冷たかった。

「ほかにも受けさせてほしいという学生さんが来ていますが、当社は、社員の推薦を受けた人しか試験を受けられないことになっています」というものだった。

ちなみに、この放送局は、十数年後、中堅社員が不足しているという理由で、中途採用に踏み切ることになる。

誰でも受けられたのは新聞社とNHKだけだった

民放以外で一般公募をしているマスコミは、全国紙と呼ばれる大手の新聞社と通信社、それにＮＨＫくらいのものだった。

ぼくが就職準備を始めた一九七二年といえば、オイルショック直前の景気絶好調のころ。

青田買いが盛んで、一般企業の採用試験は、大学三年生の冬休みくらいから始まり、四年生にもなると、周囲の友人たちは、次々に内定をもらっていた。しかし、新聞社、通信社、NHKの試験は四年生の七月からと決まっていた。

マスコミ志望者は、「学校の成績が悪くて一般企業に就職できない落ちこぼれ学生」というのが、当時の通り相場だった。だから、一般企業よりずっと後に採用試験が行われるのは、当然のことと受け止められていた。マスコミが花形職業になるなど想像もできなかった。

大手マスコミの採用試験は、七月一日が朝日新聞、毎日新聞、読売新聞、共同通信、NHK。翌二日が日経新聞、産経新聞、時事通信だった。

ぼくは、朝日新聞社とNHKの両方に願書を出した。どちらを受けるか迷っていたので、どちらでも受けられるようにしたのだ。

朝日新聞は、自宅でとっていたので、子どものころからなじみがあった。そもそも記者になろうと思ったのも、朝日新聞社から出版された『続　地方記者』を読んだからこそのこと。朝日新聞社をめざすのは当然の成り行きといえた。

その一方で、NHKも魅力的だった。その当時、テレビのニュースが次第に拡充されつつあった。速報性を生かしたニュースは、多くの人が見る番組になってきていた。

その年のはじめ、連合赤軍が、長野県軽井沢の「あさま山荘」に立てこもる事件があった。

ＮＨＫは、これを現場から中継し、特に警察の機動隊が突入した二月二八日には、一〇時間四〇分もの長時間の実況生中継を実施している。

機動隊が突入し、連合赤軍が山荘の中から発砲する。機動隊員が負傷する。やがて死亡の報道となる。人質の女性が無事救出される。このシーンを、ほとんど全国民が固唾《かたず》をのんで見守っていたのである。テレビの生放送の威力を見せつけた。

こんな様子を見たぼくは考えた。これからは新聞よりも放送の時代なのかも知れない、と。ＮＨＫも、全国に放送局があって、採用されると、必ず地方に赴任する。自分の夢である「地方記者」になれるではないか、と。

こうして、七月一日は、ＮＨＫの採用試験が行われた青山学院大学のキャンパスに向かった。

ＮＨＫの採用試験を受けた

当時のＮＨＫの採用は、取材・制作・事務・アナウンスの四つの職種に分かれていた。技術部門は別枠だった。

「取材」とは、記者とニュースカメラマンのこと。「制作」はディレクターだ。ぼくは当然のことながら、「取材」職に応募した。

ＮＨＫの採用試験の当時の科目は、時事問題と英語、漢字の書き取り、そして小論文だった。

小論文に出された題名は、「創造」。何とも抽象的な題だ。抽象的すぎて、何とでも書ける一方、何を書いていいか迷ってしまうテーマでもあった。結局、「創造的な仕事をするためには想像力が必要だ」というようなことを書いた。考えてみると、創造と想像力で、なんだか駄洒落みたいではある。

学科試験に受かると、次は面接試験。会場は、当時のＮＨＫ放送会館があった東京・千代田区内幸町だった。

最初の面接試験の試験官は、現場のデスククラスの記者たちだった。面接では、受験の際に提出した履歴書の趣味の欄に「読書」と書いてある点について、質問を受ける。「好きな作家はだれ？」という質問に、ぼくが「堀辰雄です」と答えると、「いまどき、そんな学生がいるのか」と笑われてしまう。さらに、「君も天地真理（当時の人気歌手）とか好きなわけ？」と尋ねられる。「はい」と答えると、試験官たちが、「ついていけないなあ」という顔をする。

試験官たちが、「こいつ本当に記者としてやっていけるのかな」と疑い出した様子がわかる。「で、記者になったら、何をしたいわけ？」と、ここに至っては詰問調になる。

当時、長野県の南アルプスに「スーパー林道」を建設する計画に対して、「自然破壊につながる」と反対運動が起きていた。「この問題を取材したい」と答えると、それまで笑っていた試験官たちの顔の表情が引き締まる。「おや、こいつ、少しはものを考えているらしい」と見直してくれている様子がわかる。感触は悪くなかった。最初の面接試験の結果は、電報で知らされた。「二次面接に来られたい」という電報を受け取って、思わず父親と抱き合って喜んだものだ。

「落ちた」と思ったのだが

二次面接は、ＮＨＫの役員たちが面接官だ。ズラリと並んだエラそうな人たちに、すっかり気押されてしまった。

「どうしてＮＨＫを受けたんだね」という問いに、「民放ではできない番組が作れるからです」という、まあ、定番の答えをすると、「見てもいないくせに」と言われてしまう。

「しまった、ＮＨＫの番組を見ていないことが、どうしてわかったんだろう」と焦る。

ところが、その後の会話の進み具合がおかしい。どうも、「見てもいないくせに」という役員の発言は、「民放の番組を見ていないくせに」という趣旨だったようなのだ。なんたる錯誤。

「ＮＨＫしか見ていない学生」がいると思っているんだろうかと、ちょっとおかしくなってしまった。

でも、面接は総じて圧迫されるばかりで、満足な受け答えはできない。「これはダメだったな。落ちてしまった」と落胆して帰宅した。

後になって知ったのだが、面接試験では厳しく受験生を追及し、受験生全員が、「これは落ちたな」と思ってしまうようにする、という手法があるのだそうだ。いわゆる「圧迫面接」である。

自分で「落ちたな」と思っていれば、実際に落ちても納得できる。「落ちたのは自分の力が足りなかったからだ」と納得し、自分を不合格にした会社に対して不満を抱かずにすむようになるというのだ。不合格にした人にも将来、自社のお客として商品を買ってもらいたいと考える企業の場合、こういう面接法を採用しているところが多いようだ。

自分では「落ちたな」と落胆していたところに合格通知が来れば、喜びもひとしお。「この会社のために頑張ろう」という気にもなるわけだ。

その反面、自分では合格したつもりになっているのに不合格通知が来ると、「なんで自分は落ちたんだ。納得できない」という気持ちになって、自分を不合格にした会社に対する不満が残る、というわけ。

ぼくが受験したとき、NHKがこの手法を採用していたかどうかは知らない。単にぼくが悲観的になりすぎていただけかも知れないのだが。

翌日、合格通知が来た。自分では「落ちた」と思っていたから、喜びは当然倍加する。この合格通知も電報だったが、今度は配達されなかった。電報局から電話がかかり、「電報が届いていますので、読み上げます」と言われてしまったのだ。なんという手抜き。

合格とは告げられたが、電報の現物が自宅に届けられることはなかった。記念になるべき合格通知は、手元に残らなかった。これにはいまでも電報局を恨んでいる。

第二章

記者は国民の代理人

東京・内幸町にあったNHK放送会館

「記者になりたくてNHKを選びました」

一九七三（昭和四八）年四月。ぼくはNHKに入った。もっとも最初の半年は、「見習い採用」。半年の仕事ぶりで正式採用されるかどうか決まる、という建前になっていたが、実際には正式採用のようなものだった。

その年、NHKに採用されたのは約二〇〇人。大学・大学院卒が約一〇〇人、高校卒が約一〇〇人だった。

内幸町にあった旧放送会館（この年の夏、NHKは内幸町から現在の渋谷区神南の放送センターに移転した）で入社式をした後は、東京・世田谷区砧《きぬた》にある放送研修所で研修。研修所の横に宿泊施設があり、全員がここに泊まり込む。一室は二人部屋。個室など望むべくもなかった。当時は二か月間の研修だった。それだけゆとりがあったのだろう。いまはもっと短くなっている。

研修は、記者、ディレクター、アナウンサーなど職種別に行われる。職種別の前の全体研修では、「営業研修」といって、受信料を集金する担当者について各家庭を回る、という体験もした。受信料を集めることがいかに大変か身をもって体験することで、その受信料によって成り立っている公共放送であることの自覚を持たせるためだった。

職種別研修で新人記者を教えるのは、放送研修所のベテラン教員と、報道現場からそのときだけ応援に派遣されるデスクたちだった。

職種別研修の初日は、自己紹介から始まった。私は、次のような趣旨のことを言った。

「私はＮＨＫ職員になりたくてＮＨＫに入ったわけではありません。記者になりたくて、たまたまＮＨＫという組織を選んだのです」

いま思えば、とても生意気な発言だ。鼻持ちならない高慢さが感じられて恥ずかしいが、正直な気持ちではあった。「組織あっての記者でなく、一記者として認められるようになりたい」という強い思いがあったのだ。

記者リポートの研修はなかった

新人記者は、各放送局に赴任すると、まずは警察担当から始めるのが通例だ。その準備のため、新人研修でも、まずは警察取材のイロハの学びから始まる。警察官は、警部と警視のどちらがエライか（正解は警視）など階級制度の仕組みや、逮捕された容疑者は、どのような手順を踏んで裁判になるのか、など刑事訴訟法の基礎を学んでいく。

もちろん、放送原稿の書き方、取材の仕方、カメラの撮影方法なども学んだ。

原稿とは、アナウンサーが読むニュースの文章だ。ひとりひとりが原稿用紙に黒のボールペンで文章を書くと、先生が赤鉛筆でチェックをして、指導する。

「お前がわかったつもりになって原稿を書いても、視聴者には何のことかわからないぞ」と罵倒されることもしばしば。すっかり自信を喪失してしまうのだった。

現在のニュース原稿は、パソコンに打ち込むが、当時は、もちろんパソコンもワープロもない。ＮＨＫの放送用原稿用紙はＡ４判の横向きで、縦に一〇行分の線だけ引いてある。升目は印刷されていない。幅の広い行の中に、アナウンサーが読みやすいように、大きな文字を、黒のボールペンを使って書いていく。

意外かも知れないが、記者リポートの研修はなかった。「もしテレビのスタジオに出演することになったら、どんなことに気をつけるべきか」について、選ばれた数人が、みんなの前で実演させられる訓練が一時間あっただけだった。それがすべて。当時、記者がテレビの画面に出てリポートをすることなどほとんどなかったし、研修所の講師にも経験はなく、指導することができなかったのが実情だった。

記者はなぜ非常線を越えることができるのか

新人研修時代、研修テキストに、大変印象に残る文章があった。それは、「記者はなぜ非常線を越えて現場に近づけるか」という解説だった。記者は、事件現場で、警察が張った「立ち入り禁止」のラインを越えて現場に近づくことができる。それはなぜか。

それは、その記者が、視聴者や読者の代理人だからである。その特権が認められているのは、国民の「知る権利」を守るためのものであって、決して記者に勝手な振る舞いを許しているわけではない。

その記者が現場を見ることができても、もし、その様子をきちんと視聴者や読者に伝えることができなければ、それは視聴者や読者の代理人としての役割を果たせないことになる。ひいては、国民の「知る権利」を守る仕事をしていないことになる。記者が的確な取材力・表現力を身につけることは、国民の「知る権利」の維持・発展のための義務なのである。

こういう要旨のことが書いてあった。ぼくは感激した。記者は、視聴者からの負託を受けているという、極めて責任重大な立場にいるのだ、という自覚を初めて持った瞬間だった。国民の「知る権利」に奉仕するというのは、こういうことをいうのか。

その後、ともすれば忘れがちになることではあったのだが。

社会部や警視庁で泊まりを経験

研修内容自体は面白くても、実際の現場に出ない研修は、やがて飽きてくる。一か月経ったところで、ようやく実地研修に入る。

社会部や警視庁記者クラブなどに派遣され、先輩記者に連れられて取材を経験するのだ。ニュースの現場は、二四時間体制。深夜でも、大きな事件・事故のニュースが飛び込んできたときに備えて、大勢のスタッフが泊まり込んでいる。この泊まりも体験した。

社会部泊まりでは、深夜に放送が終了すると、内幸町の放送会館の外の道路に並んだ屋台で焼き鳥などを買いこみ、ちょっと一杯。先輩記者たちの体験談を聞く。二四時間放送になっているいまでは考えられないのどかな時代だった。

それでも、午前四時すぎには、早くも電話取材が始まる。鉄道会社に次々に電話して、電車が通常通り走っているか、事故で止まったりしていないかを確認する。これを「警戒電話」という。もし止まっていたら、朝のニュースで速報しなければならないからだ。

結局、社会部での泊まりの仕事は、ほとんど徹夜だった。体力がないと勤まらない仕事だということを、痛感するのである。

警視庁では検視写真を見せられた

警視庁記者クラブに研修に行ったときのことは、忘れられない。ぼくを含めて三人の新人の指導係になったのは、捜査一課担当のベテラン記者だった。「警視庁の中を案内してやるからついて来い」と言われて行った場所は、刑事部鑑識課。その中にある「検視官室」だった。

東京都内で変死、つまり殺人か自殺か病死か判別しにくい死体が発見されたとき、とりあえず現場に駆けつけて死体を見て判断するベテラン捜査員を「検視官」という。この人たちの部屋だった。

当然のことながら、検視の際に撮影された死体の写真がたくさんある。さまざまな死体のカラー写真をいきなり見る破目になったぼくたちの気持ちがわかってもらえるだろうか。喉がカラカラになるとは、ああいうことを言うのだろう。ふと仲間を見ると、みんな顔が紅潮している。「ああ、やはり脅えているんだなあ」と気がつくと、少し気が楽になったのだが。茫然としているぼくたちの顔を見た先輩記者は、ニヤリと笑って、「おい、メシ食いに行こう」。

そのまま警視庁内の職員食堂に行ったのだが、先ほど見た写真が脳裏に浮かんで、とても食事をする気になれない。ざるそばを頼んで、恐る恐る口に運んだのだが、とても喉を通らなかった。先輩記者は、その様子を面白そうに眺めながら、肉を食べている。

事件記者というのは、こんなに図太い神経を持っているものなのか。もっとも、それから七年後、ぼくも警視庁で捜査一課担当となり、毎朝、検視官室を訪ねることになる。そのころには、検視官室を出て食堂に直行しても、何でも食べられるようになっていた。図太くなったのか、はたまた人間としての大事な部分が削り取られてしまったのか……。

書いた原稿が放送された

研修中、東京の世田谷区で、乳母車を押して道路を横断中の母親が自動車にはねられて死亡する、という事故が起きた。先輩記者と現場に駆けつける。現場を調べている警察官から、当時の様子を取材する。

現場到着時には、道路には何も残っていない。「どんな風に事故が起こったんだろう」と現場で想像しながら取材を進めるしかない。この事故では、母親は亡くなったが、乳母車に乗っていた赤ちゃんは無事だった。

先輩記者は、事故のときの様子を、しつこく警察官に聞いている。母親が自動車にはねられた瞬間、母親はどういう行動をとったのか、という点を詳しく知ろうとしていることにぼくは気がついた。母親が自動車にはねられたとき、赤ちゃんをかばおうとして、とっさに乳母車を遠くへ押したかどうか。この点を確認していたのだ。

確かに、「乳母車を押していたお母さんが自動車にはねられて死亡しましたが、乳母車に乗っていた赤ちゃんは無事でした」という原稿だけでは、視聴者は、「そのとき、お母さんはどうしたんだろう。赤ちゃんをかばおうとしたのかな」と、疑問を持つに違いない。その点まで調べて文章にしないと、完全なニュースにはならないのだ。

「取材って、こういうことなのか」と、ぼくは感心してしまった。

事故について、警察官の説明をそのまま聞くだけではなく、そのとき、被害者は、どんな行動をとったのか、どんなことが起きたのか、現場でさまざまな疑問を持ち、そのひとつひとつを確認していく。これが、取材というものだった。問題意識を持って取材をしないと、キチンとした原稿にはならない。

取材が終わると、先輩記者が、「お前、このニュースの原稿を書いてみろ」と言うではないか。ぼくは、先輩記者が取材している様子を横で見ていたから、原稿に必要な内容は、全部わかっていた。自分が実際に取材をしたとはとても言えない状態だったが、文章にしてみた。それを先輩記者が直して社会部に送った。

その日の夜、ぼくが書いた原稿が、関東地方向けのローカルニュースで放送された。たまたま入った食堂のテレビで、このニュースを見た。自分が書いた原稿（本当は、先輩記者が書いたようなものなのだけれど）が、実際にテレビで放送されるのは、不思議な気持ちだった。本当は悲しいニュースなのに、自分の文章がアナウンサーによって読み上げられるのは、ワクワクする経験だった。食堂にいる見も知らない人たちに、「ねえ、あのニュース、ぼくが書いたんですよ」と言いふらしたくなるような気持ちにすらなったのだ。

記者は全国に配属される

二か月間の新人研修が終わると、原則として全員が地方の道府県庁所在地の放送局に配属される。

県庁所在地には、県庁、市役所、議会、警察、検察、裁判所、消防、農協、商工会議所など、「ミニ国家」の組織がすべて揃っている。ここで行政など統治機構の基礎について学び、世の中の仕組みを理解していく。さまざまな取材を体験することで、記者のイロハを学んでいく仕組みになっている。

日本の記者の養成システムは、アメリカとは大きく異なっている。アメリカの記者は、大学のジャーナリズム学科を卒業すると、まずは地方の小さな新聞社や小さな放送局に就職し、「なんでも屋」として働く。そこで仕事の基礎を学んだ後、もう少し大きな都市の会社に移る。やがてそこでの仕事ぶりが、ニューヨークやワシントンの新聞社や放送局の幹部の目に留まると、大都市にある別の会社に転職する、というキャリアをたどる。

日本の場合、最近でこそ途中でほかのマスコミに転身する者も出ているが、多くの場合、ひとつの会社の中に留まって、地方勤務で仕事の基礎を学び、やがて中央勤務へ、というコースをたどる。

また、アメリカにはジャーナリズム学科を持っている大学が多く、ジャーナリスト希望者の多くが、この学科で学ぶが、日本の場合、そういう学科は少なく、文学部や経済学部、法学部などを出てマスコミに就職するケースが多い。

日本の企業の多くが大学での教育に期待しておらず、「会社に入ってから教育する」という方針を持っている。マスコミも同じこと。大学のジャーナリズム学科で学んだ学生を積極的に採用するという方針は持っていない。「採用してから教育する」という方針だ。それも、OJT（オン・ザ・ジョブ・トレーニング）つまり実地で学べ、という方針で、ジャーナリズムの精神や倫理など系統だった勉強はしないまま、ということが多い。ジャーナリズムの基礎をしっかり学んだ者がマスコミに採用されることが望ましいと考える専門家もいるが、現場では、「理論ばっかり知っている頭でっかちはいらない」という風潮が強い。

しかし、ジャーナリストになる以上、研修では、ジャーナリズムの倫理など、しっかり叩き込む必要があるだろう。ただ、まだ現場を経験していない者にとっては、「ジャーナリズム精神」を聞かされても、身近なものに思えないという現実がある。実際のところは、現場で一年程度経験した後、改めてしっかりとした研修をしたほうが、若手記者たちにとっても身につくものだと思う。

「小さな町の放送局に行きたい」

研修期間が残り少なくなってくると、赴任先の希望を聞かれる。赴任先の希望は、どの程度聞き入れられるものなのか。同期のアナウンサーの中には、「北に行きたい」という希望を出した者がいる。結果は、「北九州放送局」だった。

ぼくは、「洒落がわかる会社だな」と思ったものだが、赴任先の希望が聞き入れられるのは、この程度だ。ただ最近は、かなり希望が叶えられるようになってきたという。

新人たちを、どんな基準で配属しているか、ぼくには依然としてわからないけれど、その新人がどこに配属されるかによって、その人のその後の運命が決まることが多い。とりわけ、二〇代の半ばに数年間、長ければ六年は住むことになるわけだから、そこで出会った人と結婚する例も多い。NHKの場合、男性記者の妻の出身地を聞けば、その記者の初任地がわかる、と言われたものだ。ぼくも初任地の松江で妻と知り合って結婚した。

さて、赴任先について、どんな希望を出すべきか。ぼくは考えた。そもそも「地方記者」になりたかったわけだから、大阪や名古屋のような大都市は嫌だ。あまり寒い所も気が進まない。本心は、山陰地方に行きたかった。大学生のとき、ユースホステルを利用する貧乏旅行で全国を回っていたが、山陰地方だけは行っていなかったからだ。

しかし、「山陰地方に行きたい」という具体的な言い方をすると、希望が叶えられるかどうかわからない。まして、「どうして山陰に行きたい？」と尋ねられて、「そこだけ行ったことがないからです」というのでは、不真面目な気もする。

そこで、控えめに「なるべく西の方で、それも、とにかく小さい町に行きたい」という希望を出した。都会に行きたいという希望を出す者はいても、ぼくのように「小さな町へ行きたい」というような変わった希望を出す者はいない。人があまり希望しない場所を希望すると、こういう希望はすぐに叶うものなのだ。

この年の五月末。ひとりひとり別室に呼ばれ、人事担当者から赴任先を告げられた。「池上君には松江放送局に行ってもらいます」と告げられた後、「君の希望は叶ったよ」と言われた。その通り。西にある小さな都市だ。県庁所在地としては、山口、鳥取の次に小さな市だ。当時の人口は一二万人だった。

第三章

転機となった「ロッキード事件」

1976 年 7 月 27 日。ロッキード事件で逮捕された田中角栄前首相

相手の言葉がまったくわからなかった

「あのー、もし、もし?」

電話で話している相手の言葉が、ちっともわからない。焦ってしまう。松江に着いてしばらく経ってからのこと。島根県の郡部に住むお年寄りから電話で話を聞こうとしたのだが、相手の言葉は激しいズーズー弁。何を言っているのか、皆目見当がつかない。松江市内の人たちと話をしている限りでは、そんなことはなかったのに。参ってしまった。

島根県の東部は「出雲《いずも》地方」と呼ばれ、東北弁とは違うが、いわゆるズーズー弁を話す。故・竹下登元首相や自民党の故・青木幹雄元参議院議員会長のしゃべりを思い出していただければいいだろうと言っても、覚えている人も減ってしまったが。郡部のお年寄りには、そのしゃべりをさらに極端にしたような方言を使う人が、当時はいたのだ。

同じ島根県でも、西部に行くと、今度は「石見《いわみ》弁」を話す。こちらは、広島弁に近い。広島弁をもう少し柔らかくした感じ、というと、広島の人は怒るだろうか。松江勤務は、まずは出雲弁と石見弁の勉強から始めなければならなかった。いまでは、そんなに極端な方言を話す人はほとんどいないのだが。

あこがれの山陰に

ぼくが松江に配属されたのは、一九七三（昭和四八）年六月だった。

ＮＨＫの場合、全国を北海道、東北、関東甲信越、東海北陸、近畿、中国、四国、九州沖縄と八つのブロックに分け、それぞれに中心となる放送局があって、管内を統括していた。北海道なら札幌放送局、東北なら仙台放送局で、中国地方は広島放送局になる。松江放送局は、中国地方のほかの県の放送局と共に広島放送局の管内になる。

松江放送局に赴任する場合、まずは広島放送局に顔を出して挨拶する決まりになっていた。当時、新幹線は広島まで延びておらず、岡山まで。岡山で山陽本線の特急に乗り換えてようやく広島に着いた。広島勤務の同期の記者、岡山勤務の同期のカメラマンと一緒だった。

広島駅で降りて路面電車に乗り、ＮＨＫに向かう。広島に着任する同期の記者（東京育ち）は、電車の窓から三越百貨店を見つけ、「よかった、広島にもデパートがある！」と叫んだものだ。

それを聞いたぼくは、「なにを言ってるんだ。広島市は大都会じゃないか」と思ったものだ。

広島に一泊して、いよいよ松江へ。広島からは、芸備線を経て木次《きすき》線というローカル線で行く。中国山地を越えて日本海側に入り、山陰本線に合流すると、すぐ左側の車窓に宍道湖《しんじ》が見えてくる。

「ああ、いよいよ山陰に来たんだ」という感激。あのときの宍道湖の水の色は、生涯忘れることができない。

松江駅でNHK松江放送局の記者に電話すると、「自分で場所を探して来い」という返事。荷物を持って歩き始めると、駅前で人を待っている様子の人が声をかけてきた。

「あなたはNHKの新人記者ですか。この列車で来る新人アナウンサーを迎えに来たので、よければ一緒にタクシーに乗りませんか」

同じ列車に、同期のアナウンサーが乗っていたらしい。アナウンサーは先輩が迎えに来るのに、記者は自分で探して来い、という指示を受ける。この待遇の違い。「記者とはそういうものだ」ということを、まずはここから叩き込まれた。

松江の町の中心部には、宍道湖と中海を結ぶ大橋川が東西に流れ、そこに松江大橋という古い橋がかかっている。情緒豊かな城下町だ。

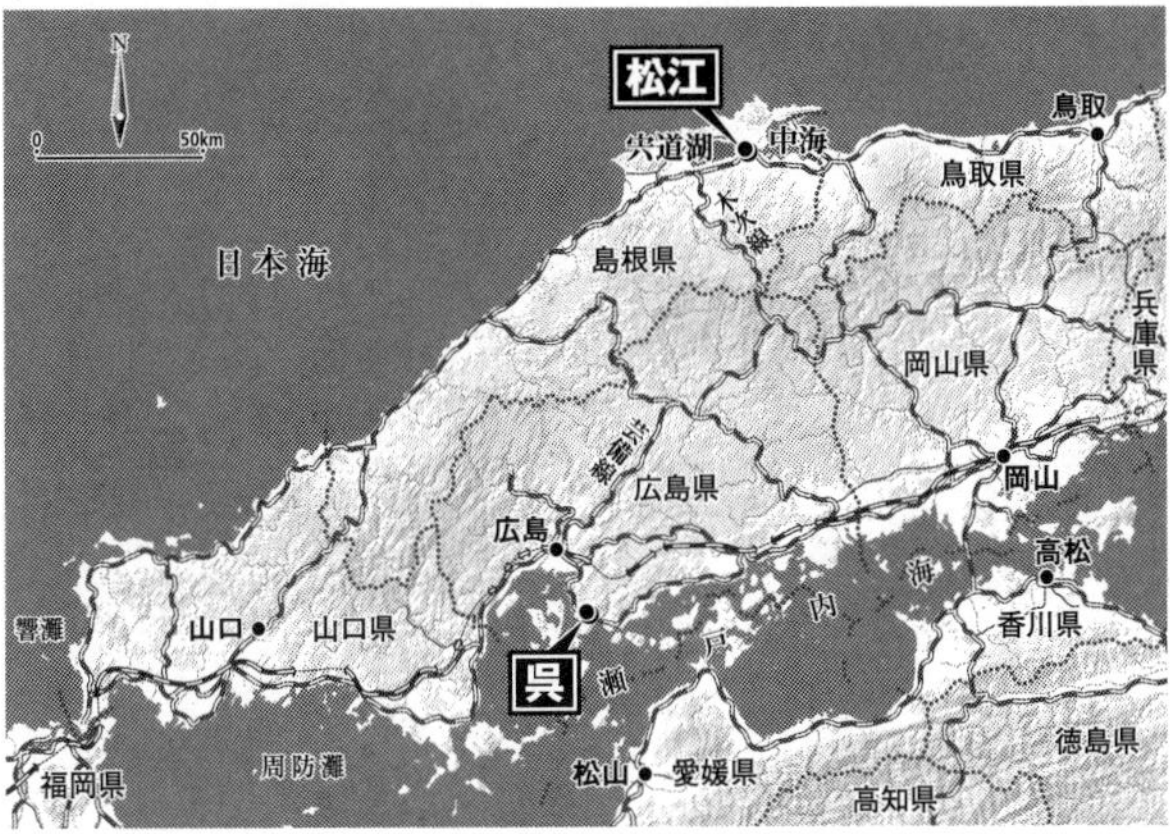

地図：有限会社ジェイ・マップ

夜になると、国鉄（当時はまだＪＲにはなっていない）松江駅から、蒸気機関車の汽笛の音が響く。もの悲しく、寂しさが募る音色だった。

新人用の宿舎などはなく、局の先輩が引っ越した後の下宿に入った。県庁職員の自宅の二階の四畳半だった。住宅と商店が混在する市の中心部に近い場所だったが、夜になると、食用蛙（牛蛙）の大合唱だ。いかに自然が豊かであるか、わかるだろう。

松江は古い城下町で、高い建物はない。まだ「マンション」なるものは存在しなかった。アパートもほとんどなく、賃貸用の住居は不足していた。その結果が、下宿だった。

まずは「盗品」の自転車調達から

取材をするためには、その「足」が必要になる。

松江は小さな町で、警察や県庁、裁判所など、主要な機関は狭い地域に集中している。自転車で回るのが効率的だ。そこで、自転車を手に入れることにした。「盗品」の自転車を入手したのだ。といっても、不法な手段を使ったわけではない。

警察官は、盗難届が出ている自転車を発見した場合、警察署に保管して持ち主に連絡するが、持ち主が引き取りに来ない場合がある。こういう自転車は、一定期間が過ぎると、競売にかけられる。松江警察署の構内で開かれたその競売会に参加したのだ。構内には自転車がズラリと並べられ、ひとつひとつに値段をつけて入札する。一番高い値段をつけた人が買うことができる仕組みだ。そこで自転車販売店の関係者に混じって入札した。確か当時の値段で二〇〇〇円かからないで落札したと思う。いささかガタがきていたが、早速新規に防犯登録をして、取材先を飛び回った。風を切って走ると、山陰の夏は気持ちがいいが、真冬は雪混じりの北西の季節風が吹きつけ、寒くて往生した。

自動車免許の学科試験に落ちた

自転車の次は自動車だ。大都市と異なり、地方都市は公共交通機関が限られる。取材先が遠かったり、寒さが厳しかったりするときは、やはり自動車だろう。学生時代に自動車学校に通い、実技試験は合格していた。後は学科試験に受かるだけ。

城下町松江のシンボル松江城は、木造建築のまま残された趣のある城だ

ところが受けたのはいいのだが、試験問題の文章が大変な悪文で、実に曖昧だ。何通りにも解釈できる文章ばかり。文法的におかしな文章もある。そんなことばかりを気にしていたら、なんと学科試験に落ちてしまった。

このときぼくは、『続　地方記者』の一節を思い出した。

自動車運転免許試験で「八十点で合格」と知らされた新聞記者が、「満点だよ、八十点はおかしいよ」と、交通係に乗り込み、模範解答の誤りを発見した、というくだりだ。

さすがにぼくはそこまでしなかったが、「試験に落ちたのは試験問題の文章がおかしかったから」と考えることにした。

捲土重来《けんどちょうらい》を期した次の受験では、問題文のおかしさには目をつぶり、出題者が「正解」だと考えているであろう選択肢を選んでいったら、合格した。

免許が手に入れば、次は自動車だ。中古の軽自動車を買った。二六万円。初任給が六万八〇〇〇円の身には、かなり高かった。ローンを組んで、やっとの思いで購入したが、この軽自動車、エンジンは二気筒で、ポロポロポロ、という音を立てて、猛烈に黒い排気ガスを出す。エンジンの音がしばしば「ボロボロボロ」と聞こえる気がしたものだ。

新人記者は警察担当から始まる

日本の新聞社やＮＨＫは、新人記者を、まずは警察担当に配属する。警察担当から記者生活を始めさせることで、記者の養成をする仕組みだ。アメリカの記者も、最初に就職した小さな新聞社や放送局で、警察担当から仕事を始めることが多い。

どうしてか。取材する情報が豊富にあること。世の中の裏を学べること。取材力をつけられること。以上の三点からだ。

世の中のさまざまな異変は、まず警察に通報される。

たとえば、泥棒や強盗などの被害にあったら、被害者はまず一一〇番に電話する。事件が起きると、すぐに警察に情報が入ってくるのだ。火事が起きたら、まずは一一九番で消防に連絡が入るが、消防は、警察にも連絡する。火事の情報も、警察に入ってくる。

もし住宅街をサルが飛び回っていたとしたら、付近の住民はどうするだろうか。とりあえずは警察に電話をするだろう。まして大蛇がとぐろを巻いていたり、ワニが徘徊したりしていたら、一一〇番通報が殺到するはずだ。

記者が警察の中を毎日回っていると、世の中のさまざまな異変を、いちはやくキャッチできるというわけだ。

さらに、警察を回っていると、世の中には、わずかな金額をめぐっても殺人が起きてしまうこと、何度逮捕されてもスリをやめない人がいること、空き巣のプロは刑務所を出ると、すぐに仕事を再開すること、夫婦ゲンカでも一一〇番通報する人がいること……という事実に直面する。世の中の裏を学ぶことができるのだ。

警察官は口が堅い。記者が取材に行っても、何でもしゃべってくれるわけではない。それはそうだろう。報道されてしまうことで、自分が追いかけている容疑者に逃げられてしまう恐れがあったら、警察官は口をつぐむ。自分が捜査している事件については、恐ろしく口が堅くなる。

そういう警察官相手に取材をするという経験を新人記者にさせることで、取材力を身につけさせようというわけだ。記者を実戦で養成するシステムになっている。

ただ、このシステムについては、根強い批判もある。記者が警察取材からスタートすることで、警察に対する親近感が養われ、警察に対する批判的な見方ができなくなってしまう、という意見もあるのだ。

かといって、重要な取材先である警察をおろそかにするわけにもいかないだろう。

要は、あらゆることに対して懐疑的・批判的でありうる記者を養成しなければならないのだ。そんな「記者魂」をどう叩き込むか。新人教育のあり方が問われる問題ではある。

警察署の前で足がすくんだ

松江に赴任した新人記者は、新聞記者もNHKの記者も、まずは、松江警察署と島根県警察本部、松江地方検察庁、松江地方裁判所、広島高等裁判所松江支部を担当することになる。当時、松江警察署と島根県警察本部は、道路を隔てて向かい合っていた。歩いて回れる距離だ。

島根県警察本部の中に記者クラブがあり、ここに出勤する。初日は、先輩記者が本部の中と松江警察署内を案内してくれる。名刺を出して挨拶すると、警察署の署長や副署長、刑事課長など、「ややっ、ニューフェースですな」などと愛想よく応対してくれ、なんだかほっとする。

しかし、先輩による引継ぎは、これだけ。翌日からは、ひとりで警察の中を回ることになる。翌朝、松江警察署の前まで来たところで、どうしたことか、足がすくんでしまった。考えてみれば、警察など、ふだん縁のない場所だ。そこにひとりで入って、中を回るなど、なかなかできることではない。

でも、署内に入らなければ、仕事にならない。困った。しばし逡巡した挙句、意を決して署内に入る。まずは、副署長に挨拶だ。警察署では広報担当窓口は副署長（小さな警察署では副署長ではなく次長という肩書きになる）ということになっている。

「おはようございます」と、まずは勢いよく（自分ではそのつもり）声をかける。

「ああ、おはようございます」と挨拶を返してはくれるが、「はて、誰だっけ」という顔をしている。改めて自己紹介をやり直す。

事件や事故など発生していないか確認した上で、通称「デカ部屋」と呼ばれる二階の刑事課に向かう。部屋にいる人たちに、「おはようございます」と声をかけようとするのだが、ギョロリと刑事ににらまれて、声が出てこない。口の中でモゴモゴと言うだけだ。きのう挨拶したときには愛想よく応対してくれた人たちが、きょうは打って変わって無愛想だ。知らないヤツは相手にしない、と顔に書いてある。

思わず、「変わったことはありませんか？」と尋ねてしまった。

「御用聞きするな」と教わったのだが

「変わったことはありませんか？」と声に出してから、「しまった」と思った。新人研修時代の講師の言葉を思い出したからだ。

それは、取材のとき決して「変わったことはありませんか」という聞き方をするな、ということだった。それでは、相手が「ないよ」の一言で終わってしまい、話が先に進まない。「何かありませんか？」という類いの質問は、御用聞きと同じだ。記者は御用聞きになってはいけない、というものだった。

新人研修時代、「そりゃあ、そうだよな」と納得して聞いていたことが、実際には、いかにむずかしいことだったか、初めて骨身に沁みたのだった。

さあ、では、どうしようか。世間話をしながら親しくなり、雑談をしているうちに、それとなくヒントをつかむ。理屈では、これが取材の要諦なのだが、新人記者のぼくには、とてもむずかしいことだった。

あわてて昨夜の野球の巨人戦の話題などを持ち出してみる。広島県と異なり、島根県では、やはり巨人ファンが多い。特に警察官は、巨人ファンが多いものだから、その話題を持ち出してみたのだが、相手はちっとも乗ってこない。それはそうだろう。まだ親しくもなっていない若い記者が、突然プロ野球の話を始めても、世間話にはならない。

ぼくは、呆然としてしまった。

警察官とケンカした

「お前、なにしてるんだ。そこを、どけ！」

いつもはにこやかに挨拶する県警本部交通捜査課の捜査員が、血相を変えてぼくの前に立ちはだかった。深夜、山の中での出来事だった。

警察を回ることに、ようやく慣れてきた頃、ひき逃げ事件が発生した。深夜、松江市の郊外で、男性が死亡しているのが見つかったのだ。現場の様子から、自動車にはねられたことがわかったが、男性をはねた自動車の行方はわからない。交通事故でひとりが死亡しても大きなニュースになる島根県のこと。死亡ひき逃げ事件となると、発生から警察の捜査の進展まで、逐一大きく報道される。

この様子に、事故を起こして逃げていた男は、精神的に追いつめられ、自殺をはかった。松江市郊外の山中で、自動車に乗ったまま崖から車を転落させたのだ。ところが、自動車は途中の木に引っかかって、乗っていた男は死に切れず、警察に自首した。

警察が、山の中に転落している自動車を引き揚げることになった。深夜のことだった。これを知ったぼくは、カメラを持って、現場に向かう。道路は途中から細くなり、自動車は先に進めない。真っ暗な山道を歩いて行く。やがて現場に到着。ちょうど自動車が引き揚げられるところだった。

「間に合った」とほっとしたぼくは、自動車に近づいて、フラッシュをたいた瞬間……。捜査員が、ぼくの前に立ちふさがったのだ。

警察は、引き揚げた自動車の現場検証を始めようとしていた。そこに現れたぼくが邪魔だったのだ。

思わずかっとなったぼくは、「写真を撮るんだから、邪魔をしないでくれ」と言って、車に近づこうとするが、捜査員は、それを止めようとする。深夜の山中で、捜査員と押し問答になった。

それでも、なんとか数枚の写真を撮影し（当時は、事件取材の場合、ポラロイドカメラで写真を撮影するのが通例だった）、朝のニュースに間に合わせることができた。

しかし、ぼくの怒りはおさまらない。現場の取材を邪魔した捜査員に腹を立てていた。いつもはにこやかな捜査員だっただけに、ぼくにしてみれば、「裏切られた」という思いもあった。翌朝、早速、交通捜査課に抗議に出かけた。

ところが、ぼくの顔を見た捜査員は、にっこり笑って、「いやあ、ゆうべは君もがんばっておったねえ」。

これには参った。彼は、昨夜のぼくの行動を褒めているではないか。捜査員としては現場で記者と対立したが、深夜に山の中の現場に来た記者の熱心さは評価している。この捜査員の度量の広さに、ぼくは参ってしまった。

これ以来、この捜査員とは、すっかり仲良くなった。ケンカすることで、仲良くなれたのだ。

上辺だけの挨拶を交わしているだけでは、捜査員の信頼を勝ち取ることはできない。本音でぶつかり合うことで、自分という人間を知ってもらうしかない。これが取材の原則だった。

捜査員が耳打ちしてくれるようになった

毎日、毎日、警察本部と松江警察署の中をグルグル回り、顔見知りの捜査員の数を増やしていくと、思わぬことも起きるようになった。

ある日、松江警察署のトイレで刑事課の捜査員と一緒になったら、「さっき県警に寄ったら、白骨が発見されたといって捜査一課が大騒ぎしていたよ」とこっそり耳打ちしてくれるではないか。

県警とは、島根県警察本部のこと。松江警察署は、県内のほかの警察署と共に、警察本部の指揮を受ける立場にある。警察署の捜査員も、仕事で県警本部に顔を出すことがしばしばある。そこで見聞きしたことを、ぼくにこっそり教えてくれたのだ。

　捜査員に感謝しつつ、早速、確認のために県警本部の捜査一課へ。松江市内ではなく、別の警察署管内の工事現場で地中から白骨が見つかって大騒ぎになっていたのだった。

　ところが、調べた結果、発見された白骨はかなり古いものであることがわかった。かつての墓の跡だったのである。事件ではなかった。

　ちょっとがっかりしつつ、松江警察署に戻って、耳打ちしてくれた捜査員に刑事課の部屋で、「先ほどはありがとうございました」とお礼を言った。

　これが失敗だった。その後、この捜査員にこっそり呼び出され、こっぴどく叱られた。

「みんながいる場所で、お前がオレにお礼を言ったら、オレが何かを教えてやったということが、ほかの捜査員にわかってしまうじゃないか」

　その通りだ。せっかくぼくにこっそり情報を知らせてくれたのに、その捜査員の立場を悪くしてしまう行動をとってしまったのだ。ぼくは、申しわけない気持ちと、自分のドジさ加減に、しばらくは自己嫌悪に陥った。情報源は守らなければならない。

「この記者は、情報を伝えても、情報源をしっかり隠してくれる」

　この信頼関係があってはじめて、捜査員は記者に話をしてくれるのだ。これは、警察取材に限らない大原則だった。

別の日に、また別の捜査員と、松江市内でバッタリ出会った。すると、この捜査員、ぼくに向かって、「おい、明日の朝、手入れがあるぞ」とボソッと教えてくれるではないか。うれしかった。自分を信頼して情報を教えてくれたことがわかったからだ。翌朝、容疑者逮捕の瞬間の映像が撮れたことは言うまでもない。

この捜査員とは、また別の日にも出会った。今度は、「おい、ちょっとお茶でも飲もうや」と喫茶店に誘われ、その喫茶店で、捜査員が使っている「情報屋」に引き合わせてくれた。

「情報屋」とは、「タレコミ屋」(密告者)とも呼ばれるが、裏の世界に棲息していて、その世界の情報を親しい刑事に教える人物のことだ。いわば仲間を裏切っているわけだが、その人物にしてみれば、自分が捜査対象にならないようにという保険の意味で刑事と付き合っている。

刑事にとって、こういう「情報屋」は貴重な存在だ。こういう人物からもたらされた情報をもとに事件を捜査していくからだ。こういう存在をぼくに教えてくれたこと自体、それだけぼくが信頼されていることになる。

「情報屋」は、刑事の横にぼくがいるのを見て、「この人は?」と怪訝《けげん》な顔をする。捜査員は、「こいつはブンヤだけど、大丈夫だよ」と「情報屋」に紹介してくれた。ブンヤとは

「新聞屋」のこと、業界用語で記者を指した。

捜査員と親しくなるために、先輩の記者たちは、さまざまな努力を積み重ねている。ある先輩は、夜帰宅する前に、必ず松江警察署に立ち寄っていた。

警察署は二四時間体制だ。夜間もかなりの人数が勤務している。これを「当直」という。しかし、これは事件の発生に備えてのもの。平穏な夜だったら、特にすることもない。暇を持て余している。ここに立ち寄って談笑することで、親しくなっていたのだった。ぼくは早速これを真似した。一階の受付に立ち寄ると、昼間はロクに口を利いてくれない刑事が、手招きをしながら二階の刑事課に向かう。なんだろうと思ってついていくと、自分の机の引き出しから、捜査書類を引き出して、「こんな捜査をしているんだ」と言った後、書類を置いたままトイレに行ってしまうではないか。刑事には守秘義務があるから積極的に記者に見せることはしない。そこで、記者が勝手に覗いたという状況を作ってくれたのだった。

自分が捜査している事件を、上司が事件として取り扱おうとしないことに不満を持った捜査員が、マスコミに報道してもらおうと、ぼくに見せてくれたのだ。こんなこと、捜査員から信頼されるようにならないと、決して起きることではない。ぼくは、とても嬉しくなってしまった。その後、この事件の裏取りをするために走り回ることになるのだが。捜査員が教えてくれたからといって、それをそのまま報道することはできない。独自にそれが事実かどうかを確認しなければ報道できないからだ。

「夜回り」はつらかった

記者に「夜回り」はつきものだ。

「夜回り」とは、帰宅している捜査員の自宅を夜に訪問し、自宅でゆっくり取材することを言う。欧米では考えられない日本独特の取材法といえるだろう。

日本の場合、昼間に警察や検察で取材をしても、相手は口が堅く、なかなか話をしてもらえない。相手が自宅でくつろいでいるところを襲い、他人の目のない所で、本音の話を聞こう、というわけだ。

アメリカの記者の場合、電話をかけるだけで相手がかなりのことを話してくれることを知って、彼我のあまりの違いに、羨ましく思ったことがある。しかし、アメリカでも、場合によっては「夜回り」することもあるようだ。ニクソン大統領の「ウォーターゲート事件」を取材した「ワシントン・ポスト」の二人の記者が、取材記を『大統領の陰謀』という本にまとめ、ぼくが記者になって二年目、邦訳が出た。その後、同名の映画にもなった本だが、これを読むと、肝心な情報を摑む場合には、やはり「夜回り」をする場面が出てくる。「そうか、アメリカでもこんな努力をしているんだ」と妙に納得したものだ。

ただ、日本のような激しい「夜回り」というのはない。夜中に突然自宅に押しかけていったら、警察に通報されてしまうのがオチだ。アメリカなら場合によっては銃撃されるかも知れない。連日の「夜回り」は、やはり日本独特だ。

「夜回り」には酒がつきもの。夜中に押しかけると、相手は酒を飲んでいることが多い。そこに顔を出すのだから、「まあ、一杯」ということになる。ぼくは酒が飲めない。でも、「酒が飲めませんので」と断ろうものなら、「お前はオレの酒が飲めないのか」とからまれる。それでは取材相手と親しくなれない。仕方なく無理して飲むが、苦しくてたまらない。

そこで一計を案じた。マイカーを運転して「夜回り」することにしたのだ。酒を勧められても、「車ですから」と言えば、相手は警察官、さすがに酒を勧めない。松江時代や、その後の呉市では、この方法で何とか済んだが、東京の警視庁時代は、こうはいかなかった。マイカーを使うわけにはいかなかったので、酒を断る理由がなかったからだ。

もしぼくが酒を飲めていれば、どれだけ有利だったろうと、いまでも思う。捜査員と酒を飲んで意気投合し、たくさんの特ダネがとれたかも知れない。

しかし、酒が飲めないからといって、それで情報が取れない記者にはなるまいと決意した。酒が飲めなかったことで、「取れなかった特ダネ」はあるかも知れないが、酒が飲めないことでほかの社に抜かれた、ということだけはないようにしようと、いつも思っていた。実際のところ、どうだったかは検証できないのだが。

裁判所取材は面白かった

犯罪が起きて容疑者が逮捕されれば、警察から検察庁に送られ、やがて裁判所に起訴される。警察担当記者は、同時に検察庁や裁判所も取材するのである。

松江に赴任して、それまでまったく縁のなかった裁判所の取材も始まった。裁判所の法廷に入るのは、小学校の社会科見学以来だった。ところが、この裁判所取材が、ぼくには面白かった。大学は法学部ではなかったので、法律の用語は、初めてお目にかかるものばかりだったが、奇妙な日本語の羅列が、妙に新鮮だったのだ。

たとえばニュースでよく使われる「起訴」という言葉。要するに容疑者を検察官が裁判にかけることだが、検察官は「公判を請求する」と表現する。裁判の判決でも、「懲役」「禁固」「執行猶予」など、その意味をひとつひとつ理解していかなければならない。

法廷での人間模様もさまざまだ。刑事事件の被告の弁護士が、法廷で被告を叱りつける場面にも遭遇した。こうなると、この弁護士は、いったい誰の味方なのかと思ってしまう。

奇妙な裁判もあった。賭博の罪に問われた暴力団員が、「国家が競馬や競輪という賭博を認めていながら、国民には賭博を禁止するのは、法の下の平等に反する憲法違反だ」と主張したのだ。

なるほどと、妙に感心しながら判決を聞くと、裁判長は、この論点について詳しく論じないまま被告に有罪判決を言い渡した。裁判長は、「なんてバカな主張をするんだろう」と相手にしなかっただけなのかも知れないが、ぼくは、もっと真正面から論じてくれれば大きなニュースになったのに、と残念に思ったものだった。

「国家の賭博は認めつつ個人には認めなくても憲法違反にはならない」という論拠を、法律的にきちんと説明してくれれば、これは、とても面白いものになっただろう。島根県内向けにとどまらず、全国向けのニュースになったはずだ。そういう展開にならなかったことに、がっかりしたのだ。

記者というのは、自分が手がけているニュースがなるべく大きく報道されることを願っている。「大きな仕事をした」という気持ちになれるし、何よりも多くの人に知ってもらいたいという記者の本能を満足させるからだ。もちろん、その底流には、いい仕事をして認められ、中央で活躍したいという功名心も存在しているのだが。この功名心、適度なものなら取材の原動力になるが、行き過ぎると、取材先とのトラブルや人権侵害、誤報、虚報などの問題を引き起こしかねないというやっかいなものだ。

裁判では、こんなものもあった。酒に酔って自動車のエンジンをかけると、自動車を走らせていなくても飲酒運転の罪になるのかどうかが問われたのだ。

ある男性が酒に酔ってマイカーに乗り込み、自動車のエンジンをかけた段階で、警察官が飲酒運転の現行犯で男を逮捕した。ところが男性は、自動車を動かしてはいなかったのだから飲酒運転には当たらないと主張した。

一審の松江地方裁判所は、「飲酒運転に当たる」と判断して男性に有罪判決を下したが、男性が控訴。広島高等裁判所松江支部で、控訴審の判決があった。

新人記者のぼくには書くのがむずかしい裁判原稿だったが、高等裁判所の判断は、「飲酒運転には当たらない」というもの。被告は逆転無罪になった。

これは大きなニュースだ。ぼくは、裁判所から出る被告を追いかけて、無罪になった感想を取材しようとした。ぼくが声をかけた途端、被告の男性は、酒のにおいをプンプンさせながら逃げて行ってしまった。

飲酒運転でつかまったので裁判で無罪を主張したが、まさかこんなに大きなニュースになってしまうとは、きっと本人としては不本意だったのだろう。

新聞に夕刊がなかった

記者の世界は、他社との競争に明け暮れる。松江の場合、新聞では、全国紙と呼ばれる朝日、毎日、読売、日経、産経の各紙と共同通信社、時事通信社の支局があった。

島根県の地元紙は「山陰中央新報」で松江に本社がある。それに広島に本社のある「中国新聞」の支局もあった。

高校生のときにテレビドラマ「ある勇気の記録」を見て以来、「将来、中国新聞を読める地域に住むようになったら、必ず購読しよう」と考えていたので、早速購読することにした。

全国紙は、東京本社、大阪本社、西部本社（福岡市や北九州市）などと全国をブロックごとに分けて新聞を発行している。東京本社発行の新聞の社会面に掲載されている記事は、関東地方や東北地方のニュースが多いが、大阪本社発行の紙面は、関西のニュースばかりだ。

島根県の場合、新聞配達の都合から、県内東部に配られる新聞は大阪本社発行で、県西部は西部本社発行分と分かれている。このため、同じ全国紙でも、松江で読む新聞の社会面には関西の事件が出ているが、浜田（島根県西部の都市）で読む新聞には、九州各地の事件が掲載されているということになる。

「全国紙」というのは名前だけで、実際には東京本社発行新聞、大阪本社発行新聞などの「ブロック紙の連合体」なのだ、ということに、ぼくは松江に赴任して初めて気づいた。まったくの余談だが、朝日新聞社の社旗は、東京本社では左の隅に「朝」の文字があって右側に日の出の光が放射状に広がっている構図だ。これが大阪本社になると、「朝」の文字は右下に来て、構図が逆になる。両方の社旗をあわせると、完全な日の出の形になる。

東京に住んでいると、夕刊が配られるのは当たり前だが、全国では夕刊がない地域もある。島根県もそうだった。全国紙ばかりでなく、地元紙にも夕刊はなく、中国新聞も島根県内には夕刊を配達していなかった。朝刊と夕刊の内容を統合して編集しているので「統合版」と呼ばれる新聞が、朝配達されるだけだった。

夕刊がないと、新聞記者たちも午前中に急いで取材して原稿を送る、ということがない。ぼくが昼のローカルニュース用に送った交通事故のニュースを、夕方になってのんびり書いている新聞記者もいた。

全国紙には、「県版」がある。地方版とも呼ばれるが、島根版、鳥取版など、その県のニュースや話題を、その地方に配達される新聞にだけ掲載するものだ。この「県版」の締切りは午後六時。つまり、その時間までに原稿や写真を本社に送らないと、翌日の紙面に掲載されない。一方、政治面や経済面、社会面の締切りはもっと遅いが、それでも大阪で印刷して島根県まで配達するには時間がかかる。島根県に配達される新聞の社会面の締切りは、当時、午後八時だった。地元新聞社の締切り時間も午後八時になっていた。

中国新聞だけは、島根県に配達される新聞の締切りが午後一一時だった。このため、地元新聞社の本社前で夜九時に発生した死亡交通事故のニュースが、翌日の地元紙には掲載されず、中国新聞の紙面には出ている、などということも起きた。

締切り時間を過ぎて発生した事件は、翌々日の紙面に出る、ということになる。朝日、毎日、読売は、事件発生を警戒して支局に交代で泊まり込む記者がいたが、地元新聞社には泊まり勤務の記者もいなかった。それでも問題が起きないほど、のんびりとした日々だったのだ。

もちろんNHKは宿泊勤務者がいる。記者とアナウンサー、それに技術部の職員だ。深夜に地震が発生したりしたときに直ちに放送が出せる態勢になっている。いまは「働き方改革」で、泊まり勤務は縮小されているが。

地元の民放は三局あった。三局のうち二局は、本社が隣の鳥取県。どちらも、島根県内担当の記者は三人しかいない。競争相手とは言えなかった。

島根県に本社のある放送局もひとつあったが、地元新聞社の出資でできたばかりの局で、取材陣は極端に少なかった。ふだんのローカルニュース映像の取材はモノクロフィルムだった。もしネットワークで全国放送する場合は、そのときだけカラーフィルムで撮影するが、社内にカラーの現像施設がないので現像を業者に委託するという状態だった。

というわけで、松江放送局時代、特ダネ競争の相手は、朝日、毎日、読売、中国の四社の記者だった。

市役所や県庁も担当した

新人記者は、NHKも新聞社も、まずは警察担当から始まるが、その後、後輩記者が配属されると、押し出される格好で警察担当を卒業し、市役所や県庁を担当することになる。

ぼくの場合、松江に赴任した翌年から毎年新人記者が配属されてきた。警察担当の記者は二人だったので、最初の年は先輩と二人で警察を担当。翌年は、ぼくと後輩の二人で警察を回り、次の年は警察担当を卒業して、松江市役所をひとりで担当することになった。

市役所担当は、いわば警察と県庁の中間で、警察担当者が忙しくなれば警察の応援に入り、県庁担当の応援にも入る、という役割を務める。おかげで、わずか三年で、島根県のほぼ全体像をつかむことができた。

選挙の票読みを初めて体験した

県庁や市役所担当の記者には、選挙の「票読み」という仕事もある。

ぼくが松江にいる間に、島根県知事選挙があった。現職の知事が引退し、新人候補と、前回立候補しながらも敗れた候補との事実上の一騎打ちとなった。

選挙の開票速報を速く、正確にできるためには、事前の準備が欠かせない。それぞれの候補が、各地域でどれだけ得票しそうかを、事前に調査し、予測しておくのだ。これを「票読み」という。

開票が始まり、事前の予測通りに票が伸びていけば、安心して「当選確実」の速報を流せるが、予測と大きく異なれば、速報どころではない、ということになる。いまでこそ「出口調査」といって、投票を終えた人に投票所の出口でアンケート調査して得票を予測する手法が一般的になったが、当時はそんなものはなかった。ひたすら事前取材することが必要だったのだ。

ぼくは、島根県中部の「邑智郡《おおち》」の「票読み」を担当した。中国山地の山間の町や村を回り、地元の有力者に会っては、話を聞くのだ。町議会議員、村議会議員がどの候補を応援しているか、詳しい名簿を作成する。〇〇候補は、この町で何票くらいを取りそうか、予測を聞いていくのだ。他陣営の有力者にも会って同じことを聞く。

もちろん、それぞれの陣営によって、予測は異なる。しかし、各陣営の予測を突き合わせていくうちに、それぞれの候補が各地域でどのくらいの票を獲得しそうか、おぼろげに数字が見えてくる。これはもう、経験を積むしかないのだが。

ぼくが会った有力者の中には、前回の選挙の際、選挙違反で逮捕されて有罪が確定し、「公民権」が停止されていた人もいた。つまり今回の選挙では選挙運動をすることも投票することもできない立場になっていたのだ。

「いやあ、前回はひどい目にあいましてね。今回は何もしていないいんですよ」などと言いながら、その地区の選挙情勢について詳しく説明してくれる。「選挙が好きな人はいるものだなあ」と思ったものだ。

この票読みの取材手法は、その後も呉や東京でたびたび経験した。松江時代に、その基礎を築くことができたと思っている。

白黒テレビの視聴者にも配慮した

ぼくがＮＨＫを志望した当時、記者がテレビのスタジオに出演して解説するということは考えられなかったのだが、松江に勤務しているうちに、時代は変わってきた。

一九七四年からは、夜の九時の全国放送で「ニュースセンター９時」という画期的なニュース番組が始まった。アナウンサーではなく、磯村尚徳《ひさのり》記者がキャスターを務め、ただ原稿を読み上げるのではなく、「自分の言葉」にして視聴者に語りかける、という方法をとるようになった。

これ以来、ＮＨＫ内部では、記者が積極的にテレビに登場してリポートしろ、という機運が高まり、ぼくも松江でテレビ出演するようになった。

当時は、総合テレビはほとんどの番組がカラー化されていたが、教育テレビは、一部の理科番組などを除いて、まだ白黒で放送されていた。白黒テレビの受像機を持っている視聴者も多く、テレビで「画面の赤い線が……」などと説明すると、「みんながカラーテレビを持っているわけではないぞ」という抗議電話がかかってくる時代だった。

ぼくはスタジオで解説するときも、スタジオ内のモニターを見ながら、「画面の赤い線、白黒テレビですと、グレーに見える線ですが」などと表現に配慮をしていたものだった。

「山陰の経済」について番組を作ったが

入局三年目には、朝の一五分のローカル番組で、「山陰の経済について日銀松江支店長に聞く」という役目が回ってきた。

市役所担当に代わっていたぼくは、経済も担当するようになり、日本銀行松江支店が毎月まとめる山陰地方の経済概況を取材していた。日銀松江支店は、島根県と鳥取県を担当している。山陰全体の経済がどうなっているか、一番情報を持っているのである。

ぼくは聞き手として番組を進行することになった。ところが、出演する日銀支店長は、番組収録前の打合せで、「これからの山陰の景気の見通しはどうですか？　などというバカな質問はしないでくださいね」と言うではないか。

それこそ、「なんてバカなことを」と思ったものだ。視聴者は景気の先行きを知りたいから、この番組を作るのに。だが、若かったぼくには、そんなことは言えなかった。日銀の支店長としては、景気見通しを語る立場にはないということで、その立場も理解できたからだ。

しかし、だからといって、景気見通しについて何も言及しない経済番組などありえない。結局、山陰の経済の現状をつかむには、どういう統計の数字を見ればいいのか、という、まるで「経済学入門」のような番組になってしまった。それはそれで意味があったのかも知れないが、聞き手のぼくとしては、悔いが残った。もっとうまい聞き方、話の引き出し方があったのではないかと反省しきりだった。

相手が嫌がることも、さりげなく聞き出す。そんなインタビューができるようになるには、豊富な取材経験とたくさんの失敗が必要なのだ。

ロッキード事件の応援に駆り出された

松江時代、ぼくの記者人生の今後を決める事件が起きた。ロッキード事件だ。

アメリカの航空機メーカーのロッキード社が、日本の航空会社に旅客機を売り込もうとして政治家にワイロを贈ったという事件だ。

一九七六年、アメリカ議会の公聴会でロッキード社の幹部がこの事実を認めたために、日本国内は大騒ぎになった。東京地検特捜部と警視庁が連係して捜査に乗り出した。それまで東京地検特捜部は、何年も事件らしい事件を扱っておらず、「眠れる特捜」と呼ばれていた。このため、マスコミ各社は特捜部に有力な情報源を確保していなかった。東京地検が次に誰を逮捕するか、まったく事前の情報がつかめなかったのだ。

かくして、NHKをはじめ各新聞社とも、疑惑のある関係者の自宅前や東京地検前で張り込みをすることになった。記者がカメラマンと一緒にいて、東京地検の担当者が容疑者を連行する様子を取材する、というわけだ。

張り込みの対象場所は多岐に渡り、早朝から日が落ちるまで張り込んでいなければならない。当然のことながら人手不足となり、各社とも、地方から若手記者を応援に駆り出した。ぼくも松江から東京の社会部に応援に呼び出された。

七月、セミの声を聞きながら、毎日、当時の運輸省の関係者や政治家の自宅前などに張り込みをしていた。

ロッキード事件では、当時の田中角栄前首相が、五億円をロッキード社から受け取っていた疑いで逮捕されたのだが、田中前首相が東京地検に連行される前日の夜、ぼくは東京地検の前で張り番をしていた。連行当日の朝は、別の関係者の自宅前で張り番をしていた。そのとき、NHKラジオで「田中前首相が、東京地検に出頭しました」というニュース速報を聞いたときの悔しさといったら！　張り番の順番が半日ずれていたら、ぼくは世紀の一瞬を目撃できたのに、と思ったからだ。

携帯電話のない時代だから、無線機を持っていたぼくに、社会部から「小佐野賢治の自宅に転進しろ」という指示が来た。当時、国際興業社主だった小佐野賢治氏は、政商として田中角栄前首相と親しく、何らかの関係があると見られていたので、本人の反応を取材してコメントを取れ、というものだった。

大慌てで、東京・世田谷の高級住宅地にある豪邸に転進。自宅前には大勢の報道陣が集まっているが、ただそこにいるだけで、何の行動も起こそうとしない。そこでぼくは門のインターホンを押して、「小佐野さんにお会いしたいのですが」と声をかけた。すると中から、「小佐野は、けさから体調を崩し、伏せっております」という返事があるではないか。「けさから」というのは、要するに田中出頭のニュースを聞いてから、と言っているのに等しい。早速このやりとりを原稿に書いて送った。

そして正午のニュース。田中出頭のニュースの後半で、小佐野邸の様子について、ぼくの原稿も流れた。ところが、小佐野氏について、「田中前首相の刎頸《ふんけい》の友と言われる小佐野氏は……」という表現になっている。ぼくが書いた原稿には入っていなかった文章だ。

「しまった！　本来、原稿を書いたぼくが刎頸の友という表現を使わなければいけなかったのに、それを書き忘れた。社会部のデスクが書き足したんだ」と地団駄を踏む思いだった。デスクの仕事とは、こういうことか、と目を見開かされる思いがした。

社会部にあこがれる

ロッキード事件では、ぼくは単に張り番要員として駆り出されただけで、取材をしたとは言えなかった。しかし、NHKの社会部記者や他社の社会部記者の仕事ぶりを間近に見ると、事件を追及する社会部記者は、ぼくにとって、「正義の味方」に見えた。

いまから思えば、あまりに単純で幼稚だったが、それまで地方記者であることに満足していたぼくは、次第に「社会部に行きたい」という思いが募るようになってきた。ロッキード事件が、ぼくの希望の進路を変えたのだった。

第四章

「被爆二世」と向きあって

――呉通信部での日々

原爆ドーム。投下された原爆の悲惨さを現代に伝えている

通信部行きを希望した

松江は素晴らしい場所だったが、いかんせん、静か過ぎた。血の気の多い若い記者には、いささか退屈する場所でもあった。最初の年は夢中で過ぎたが、二年目になると、前年と同じ行事を取材することも多く、いささか退屈さを感じるようになった。

ロッキード事件の取材応援を経験して、「いずれは社会部記者に」という希望を持つようになったが、入局後わずか数年で社会部記者にはなれないことくらいわかっていた。東京で仕事をするためには、もっと取材の基礎を作っておかなければならない。

そこで思い出したのが、『続　地方記者』のことだった。あの本の中には、県庁所在地の支局の記者ではない、通信部（朝日新聞社では当時通信局と呼んだ）の記者の仕事ぶりも出ていた。「ぼくも、県庁所在地の放送局ではなく、もっと地方記者らしい仕事を経験しておきたい」と思い始めた。

松江放送局には、放送部、営業部、技術部があって、職員数は合計すると約一〇〇人。松江だけで記者が六人、カメラマンが三人いた。「もっとひとりだけで仕事をしてみたい」と思うようになったのだ。

では、どこの通信部を希望するか。山陰側は経験したから、今度は山陽側で仕事をしたい。そこで、「山陽側の通信部に行きたい」という人事異動の希望を出した。一刻も早く都会に転勤したいと考える新人が多い中で、こんな発想をするのは極めて異質だったらしい。他人が希望しない場所を希望すれば、希望は簡単に叶えられる。この原則が、また威力を発揮し、広島県の呉《くれ》通信部に転勤することになった。NHKに入って三年経っていた。

当時、NHKの人事の方針転換も背景にあった。NHKの場合、かつては、地方で採用され、その地方の通信部を転々と異動するという人たちも多かった。この人たちに、一度は本局つまり県庁所在地の放送局で勤務する機会を与えようという方針が考えられた。その代わりに、入局後三〜四年の若い記者を通信部に出す、ということになった。

ぼくの通信部希望は、たまたまではあったが、ちょうどこの方針に沿うものだったので、一層希望が叶いやすかったようだ。その後、全国各地で、ぼくのような異動をする記者が相次いだ。

通信部の生活が始まった

ＮＨＫ呉通信部は、呉市の中心部、呉市役所の目の前にあった。二階建て住宅の一階土間である。何のことかわからないかも知れないが、当時の通信部というのは、通信部記者が住み込んでいる住宅の一部が仕事場になっていた。呉通信部は二人制で、先輩の記者が通信部の建物に家族と一緒に住み込んでいた。ぼくは、そこから徒歩五分ほどのアパートに住み、毎日通信部まで通うという生活だった。

通信部は、一人制と二人制のところがあった。呉通信部は担当エリアが広く、担当地域の人口も多いことから、二人制をとっていた。二人で手分けして取材をし、毎週交代で一人が広島放送局で宿泊勤務をするというローテーションだった。

呉通信部は、ＮＨＫ広島放送局に所属している。取材した映像、書いた原稿は、すべて広島放送局に送る。広島放送局で映像を編集し、原稿をチェックして、主に広島県内向けに放送される。

一応、若いぼくが警察と検察庁、それに裁判所を担当し、先輩が呉市役所を担当するという役割分担になっていたが、わずか二人しかいない割には、瀬戸内海の島々など、実に広い地域を担当していたので、お互いに助け合いながら仕事をすることになる。

通信部の仕事は、取材ばかりではない。ときには、「受信料を払いたい」と言って、お金を持ってきてくださる方もいる。年末になると、NHKの歳末助け合いに寄付したい、という人がお金を持って通信部にやってくる。お金を受け取り、仮領収書を渡すという仕事もする。

通信部の仕事を描写すると、典型的な一日は、次のようなものだ。

毎朝通信部に顔を出し、まずは警戒電話から。呉通信部が担当している各地の警察署、消防署、海上保安部に電話をかけ、事件や火災、事故などが起きていないか確認をする。何か発生していれば、すぐに取材して、昼のニュース用に原稿を書く。大きな事件や事故だったら、自分で自動車を運転して現場に行き、カメラで映像を撮影する。

毎日こうした警戒電話をかけていると、瀬戸内海の島の警察署の交換手さんと、すっかり「声の友だち」になる。交換手は、警察無線をいつも聞いているし、電話を取り次いでいるわけだから、警察の動きをかなり知りうる立場にある。中には、隣の警察署管内の出来事についてヒントをくれたりすることもあった。

この警戒電話が終わり、特に何もなければ、まずは呉警察署へ。署内をぐるりと回り、変わったことがないかどうかを確認。何もなければ、新聞社の警察担当の若い記者たちと、警察署前の喫茶店へ。いずれも、ぼくとほぼ同世代。話題は尽きなかった。いざというときには特ダネ競争をするライバルなのに、ふだんはとても仲がいい。記者というのは、不思議な人種だ。

呉市には、広島市に本社のある中国新聞社が支社を置いていた。ほかには全国紙の朝日、毎日、読売、日刊工業がそれぞれ支局を置く。民放は、広島市に本社のある中国放送が記者一人を、広島テレビが契約社員を一人置いていただけ。

競争相手は、全国紙三紙と中国新聞の記者ということになる。

通信部記者の一日はまだ続く。その後、もし裁判の予定が入っていれば、裁判所へ。呉市には、広島地方裁判所呉支部がある。裁判所に顔を出し、ニュースになる判決があれば、取材して原稿を書く。

そして、呉市役所へ。今度は、呉市役所の中を回って、呉市の話題などを探す。

午後になると、カメラを持って、季節の話題を撮影に行く。

一日中動き回るのが通信部記者の特徴だ。この仕事に、ネクタイとスーツは似合わない。いつもシャツにジャンパーという身軽な服装で歩き回っていた。

カメラでは苦労した

通信部記者にカメラは付き物だ。当時の取材用カメラは、いまのビデオと異なり、フィルムだった。それも、ゼンマイ式。自分でゼンマイを巻き、ゼンマイの力でフィルムを回す仕組みだ。ゼンマイをせっせと巻いても、カメラを回し始めると、二〇秒ほどでゼンマイの力はなくなり、カメラは止まってしまう。またゼンマイを巻く、という繰り返しだ。

距離や絞りなど、全部自分で判断して操作しなければならない。距離を間違えて、撮影してみたけれどピンボケ、などということもあった。

台風取材では、こんなこともあった。台風が近づくと、ふだんは穏やかな瀬戸内海も荒れ、海岸に高い波が打ち寄せる。ぼくは、「迫力ある映像をとろう」と考え、堤防に近寄って、カメラを回した。高く上がった波は、ぼくの頭上に達して、落下。ぼくはずぶ濡れになった。でも、カメラのファインダーをのぞいていると、高く上がった波が落ちてくるところは迫力満点。ぼくは、「いい映像がとれた」と大満足。すぐにフィルムを広島放送局に送った。

ところが、広島からは「なにも映っていないぞ」という連絡。ぼくがずぶ濡れになったとき、カメラの中にまで海水が入り、フィルムがダメになっていたのだった。

「名刺で仕事をするな」を胸に

かつて『週刊朝日』の名編集長だった扇谷正造《おうぎやしょうぞう》さんが、このころ、『諸君！名刺で仕事をするな』という本を出版した。大企業の社員は、その会社の名前で仕事ができているのに、自分に力があるからだと勘違いしている人が多い。それではいけない。名刺つまり会社の名前を出さなくても仕事ができるようにならなくてはいけない、というものだった。

ぼくは、これにいたく納得した。警察や海上保安部に警戒電話を入れるとき、ただ「NHKですが」と言うだけで、相手は取材に応じてくれるけれど、これではいけない、と思ったのだ。

「NHKの池上です」と名前を強調した。あるいは、ただ「池上です」と言うだけでわかってもらおうと努力したものだ。

これが、どれだけ功を奏したかは不明だが、「やがては会社の肩書きがなくても通用する記者になりたい」と思い始めるようになっていた。

暴力団員に囲まれた

「おい、われ（お前）、なんでわしらを撮影しとるんじゃ。そんなことしていいと思っとるんか、われえ」

思いもかけない声だった。ぼくのまわりを、黒ずくめの集団が囲んでいる。

高校生のときに見たテレビドラマ「ある勇気の記録」は、広島の暴力団の抗争事件に立ち向かった中国新聞社の記者たちの物語だった。この抗争事件は、広島市と共に呉市も舞台だった。呉市内には、「あそこで暴力団員が射殺された」などという場所がいくつもある。その後、暴力団の力は衰えたとはいえ、呉市での取材では、暴力団の関わる事件も多かった。犯罪というわけではないが、暴力団の「事務所開き」というのもあった。白昼、大勢の暴力団員が集まるという。「許せない」と考えたぼくは、その様子を撮影しようと、カメラを持って現場に行った。新聞記者と一緒だった。黒ずくめの異様な集団が、次々にやって来る。ぼくは夢中になってカメラを回していた。

ふと気がつくと、まわりを黒ずくめの集団が取り囲み、罵声が飛んできた。一緒にいたはずの新聞記者の姿はない。ぼくを置いて逃げていたのだ。

「お前の顔は覚えたぞ」などと言いながら、集団は囲いを狭めてくる。さすがにビビってしまった。睨み合いが続くと、暴力団員の集団の後ろから、「まあ、まあ」という声が聞こえてきた。暴力団幹部が、部下たちに向かって、「それ以上の手出しをするな」と指示していたのだ。

暴力団幹部としては、「お祝い」の集まりで、報道陣とトラブルを起こして警察の手が入ることを恐れたのだろう。報道陣を脅すという目的は達したのだから、もういい、という判断があったのかも知れない。

この取材の映像は、その日の夜のニュースで無事流れたが、それからしばらくは、ぼくは夜の町に出るのをやめた。「お前の顔は覚えたぞ」という声が忘れられなかったからだ。

それ以来、ぼくを置いて逃げてしまった新聞記者とは、すっかり関係が悪くなってしまったことは、言うまでもないだろう。

「警視庁の捜査員がなぜ呉に?」

「あんたが言っちょった警視庁の捜査員なあ、どうも来ちょるようだぞ」

休みの日、知り合いの捜査員から自宅に電話がかかってきた。呉市内に警視庁の捜査員が来ている、という連絡だ。

それより前、NHK社会部の警視庁担当記者から、ぼくに連絡があった。警視庁に逮捕された男が、「拳銃を呉市内の住宅街に埋めた」と自供したという。近々、警視庁の捜査員が呉に裏づけ捜査に行くので取材してほしい、というものだった。

ぼくとしては、「警視庁の捜査員が来る以上、管内の呉警察署に挨拶くらいはあるだろう」と考え、呉警察署の刑事課長に、「もし警視庁の捜査員が来たら知らせてほしい」と頼んでいたのだ。

知らせを受けて現場に出かけていくと、警視庁の捜査員は、呉警察署に内緒で来ていたことがわかった。東京から来た捜査員は、「拳銃を埋めた」という場所に直行し、土地の所有者に、地面を掘る許可を求めた。驚いたのは土地の所有者だ。突然「警視庁の者です」と言われた所有者は、「なぜ警視庁が呉に？」と怪しみ、「偽警察官ではないか」と疑って、一一〇番通報した。呉警察署の捜査員が現場に駆けつけて、両者気まずいご対面と相成った次第だった。呉警察署の刑事課長は、「そうか、これが池上の言ってた話だ」と気づいて、ぼくに連絡してくれたというわけだった。

ぼくは早速、警視庁捜査員の穴掘りの様子を撮影し、広島経由で東京に映像を送った。と同時に、広島のローカルニュースでも、この様子が放送された。他社はまったく知らない話だったので、思わぬ「特ダネ」になってしまった。

警察官というのは縄張り意識が強く、自分が捜査している事件に関しては、決してよその警察に連絡しようとはしないという体質を持っていることを、ここで学ぶことになった。ぼくはその後、社会部で警視庁を担当することになるが、そこでもいやというほど、この体質に直面することになる。

島の運動会でカメラが「借り物競走」に

通信部記者は、カメラマンとしての仕事も多い。秋になると、牡蠣《かき》の水揚げやミカンの収穫などの様子を撮影する。

牡蠣の水揚げは明け方から始まる。これを取材するには、深夜に自宅を出て、沖合の牡蠣イカダまで行く漁船に同乗させてもらう。朝日が上るころ、海中から牡蠣が一斉に引き揚げられる。朝日に輝く海面は、美しいの一言に尽きる。

瀬戸内海は、ミカンの産地でもある。秋には、瀬戸内海に浮かぶ島に連絡船に乗って出かけて行き、ミカンの収穫の様子を撮影する。往復で一日がかりの取材だが、美しい島と海を見て、取れたてのミカンを食べられるという、楽しい取材でもある。

日曜日に島の運動会の取材、というのもあった。瀬戸内海の島の小学校の運動会は、島をあげてのお祭りになる。島の人たちもみんなこの小学校の卒業生だから、こぞって競技に参加する。この運動会の様子を撮影していたところ、競技は「借り物競走」になった。すると、参加していた元気なおばちゃんが、突然ぼくに向かって突進してくるではないか。「借り物」が「カメラ」だったのだ。

まわりを見渡すと、ちょうどカメラを構えているぼくの姿が目に入った、というわけだった。

「ちょっと、貸して」

この一言で、おばちゃんは、ぼくからカメラを奪って走り出す。そのときのカメラは、呉通信部に配備されたばかりの新しいカメラ。当時の値段でも一〇〇万円はする貴重なものだった。カメラが壊されたら大変。ぼくは思わず、「おーい、カメラ、カメラ」と叫びながら、おばちゃんの後を追いかけた。気がつくと、ぼくも運動会に参加していた。おばちゃんの後から、ぼくもゴールした。

島の運動会は、これだから楽しい。

「パパ、また来てね」

呉通信部でも「夜回り」取材はある。仕事場と自宅が近いので、自宅で夕食をとった後、取材に出かけることになる。ある晩、出かけようとするぼくを玄関に見送りに来た娘が、「パパ、また来てね」と一言。

ショックだった。呉市で生まれた長女は、そのとき二歳。父親がいつも自宅にいないものだから、自分の家にやってくる人、という認識だったのか。子どもからこう言われた、という先輩の話を聞いたことがあったが、まさか自分もこうなるとは。父親として、大変反省させられた。と言っても、その後の行動が変化するわけではなかったのだが。

そのころのぼくは、通信部生活を謳歌していたと言えるだろう。自分の上司に当たるデスクは広島放送局にいて、電話で話をするだけだ。直接顔を見るのは、二週間に一度、宿泊勤務のために広島に行くときだけ。近くに上司がいないというのは、精神衛生上大変よろしい。何を取材するか、全部自分で決め、カメラを持ってひとりで出かける。こんな仕事のスタイルが、ぼくにはぴったりで、とにかく楽しい日々だった。夢中になって走り回っていた。その分、家族には寂しい思いをさせていたのだろう。

「ヒロシマ」も取材した

広島といえば、原爆問題がさまざまな場面で顔を出す。呉市は、被爆者の数が全国三位の都市だった。一位はもちろん広島市で、二位は長崎市。なぜ呉市が三位なのか。あの日、広島市は一発の原爆で壊滅した。原爆のキノコ雲が、呉市からもよく見えた。「広島市に大きな爆弾が落ちて、大変な被害になっている」という連絡を受けた呉市の人たちが、大挙して広島市に救援に駆けつけ、そこで被爆（正確には放射線被曝）したのだ。これは「入市被爆」と呼ばれるようになる。こんな事実を、ぼくは呉市に来て初めて知った。呉市で被爆者の健康問題に取り組む団体の人たちと知り合いになり、何本も原稿を書いた。

毎年八月六日が近づくと、NHK広島放送局は、原爆報道に熱心に取り組む。毎年毎年取り組んでいると、新しいテーマを見つけるのに苦労する。

ぼくは「被爆二世」と呼ばれる人たちの置かれている状況を番組にしたいという提案を出し、これが採用された。八月六日当日の「ニュースセンター9時」の特集で取り上げることになった。

「被爆二世」とは、あの日、直接被爆した人たちの子どもたちのことを指す。被爆者は、発癌率が高まるなど、さまざまな健康被害が問題になっているが、その子どもたちの健康への影響については、よくわからない。このため健康状態に不安を持つ人は多い。そのころ、被爆二世は、結婚して自分たちの子どもを持つ年代になっていた。「被爆三世」の誕生である。しかも、自分たちの親は年老いてさまざまな病気を発症するようになっていた。

自分の健康に不安を持ち、生まれてきた自分たちの子どもの健康も気がかり。なおかつ、年老いた親の介護が始まる。こんな「被爆二世」の置かれた現状を伝えたいと考えたのだ。

この番組では、多くの「被爆二世」の人たちが、快く取材に応じてくれた。寝たきりになってしまっている親の介護の様子も取材させてくれた。

「こんなに快く取材に応じてくれている人たちの思いを、自分はどれだけ番組で伝えることができるのか」

自分の力のなさに歯噛みする思いをしながら、取材を続けたものだった。

ところが、その後、この取材体験が生きて来た。ぼくがＮＨＫを退社してしばらく後のこと。広島市に本社のある広島テレビが、私が呉時代に被爆者問題を取材していたことを知り、「八月六日の記念式典の様子を広島の平和公園から中継しませんか」と声をかけてくれたのだ。かくして毎年八月六日は広島にいる。

さらに毎年広島で中継していることを知った、同じ日本テレビ系列の長崎国際テレビからも「八月九日は長崎の平和公園で中継を」という声がかかり、広島での仕事が終わると、長崎に駆け付けている。過去の取材経験が、思わぬ形でつながっているのだが、毎年取材を続けていると、過去にインタビューした被爆者の訃報を聞くことも多くなった。被爆の実相を証言してくれる人が消えていく現実にどう立ち向かうのか。これもまた、広島と長崎の課題のひとつだ。

ビデオカメラ出現でニュース取材が変化した

ぼくが通信部で仕事をしているころ、テレビの世界では、ちょっとした「革命」が起きていた。小型ビデオカメラの登場である。

それまでの取材現場で使われていたカメラはフィルムを使用するものだった。ぼくが使っていたカメラはゼンマイ式のものだったが、バッテリーでフィルムを回す新型カメラの導入も始まっていた。

しかし、ビデオカメラは、まったく異なるものだった。フィルムカメラは、一〇〇フィートのフィルムを使い切ったらおしまい。フィルムを入れ替えなければならない。わずか三分弱しか連続撮影できない。まして音声も同時に録音できるカメラとなると、特殊なものしかなかった。

これに対して、ビデオカメラは、それまでのフィルムに比べて画質は鮮明だし、なにより も、二〇分間連続して収録できた。音声も同時に録音できる。画期的なことだった。

フィルムは撮影してから現像するのに小一時間かかったが、ビデオなら、すぐに編集でき る。ニュースの速報性が格段に増した。

テレビドキュメンタリーの手法にも革命的な変化をもたらした。フィルムが途中で切れて しまう以上、過去のドキュメントでは、長い一カットの映像には限界があった。ビデオなら、 極端な話、一カットを二〇分間見せることだって可能だ。取材対象者の微妙な表情の変化を じっくり追うことができるようになった。刻々と姿を変える大自然の驚異の映像も撮影でき るようになる。

いまでは、放送業界とは無縁の個人でも自由に使えるまでに進化したビデオカメラだが、 登場したときには、放送業界に衝撃が走ったものだった。

ぼくは、こんな「革命」とは無縁の通信部で、相変わらずフィルムカメラと格闘を続けて いたが、やがて社会部でさまざまな番組作りに携わるようになって、この威力に驚くことに なる。

呉が第三の故郷に

呉市で夢中になって通信部記者の仕事を楽しんでいるうちに、三年間が過ぎた。日々のニュースを追いかけてはいたものの、三年もいると、松江時代と同じように、「前年も取材したなあ」と思うようなことが多くなる。そろそろ、仕事の場所を変えるべき時期に差しかかったのかなあ、と思うようになった。

次の勤務先として、ぼくは東京の報道局社会部への希望を提出した。

「人があまり行きたがらない通信部で苦労した」と評価してもらえたのかどうか、一九七九年八月、社会部への転勤の辞令を受け取った。実は事前に上司から「政治部はどうか」と内々に打診を受けていたのだが、「いやです」と断っていた。もし断らないでいたら、ぼくの記者人生は変わっていただろう。

松江、呉での各三年間の「地方記者」生活を終えて、東京に行くことになった。

ぼくは松江で結婚し、呉で長女が生まれた。松江でも呉でも、多くの知り合いができた。ぼくにとって、松江が「第二の故郷」、呉が「第三の故郷」になった。

小学生のころからあこがれていた「地方記者」生活とはしばらく別れることになるが、「東京に行ったって、どうせまた、すぐに転勤して地方記者になるよ」と思いながら上京したのである。まさか「地方記者」には二度となれないとは思いもせずに。

第五章
誘拐、落石、飛行機事故
——社会部が扱ったさまざまなニュース

新宿駅西口。放火され黒焦げとなったバスの中には、まだ犠牲者の遺体が残されていた

社会部は「サツ回り」から始まった

東京は巨大な都市だ。そこを受け持つ警視庁は、当時、東京都内を八つの「方面」に分け、それぞれに方面本部を置いていた。その下に、各警察署が存在する。

東京二三区内は七つの方面に分けられ、多摩地区が「八方面」になっていた。現在は、多摩地区を東西に分け、多摩西部は「九方面」になっている。また、「五方面」が東西に分離され、西部が「十方面」になった。

「一方面」は千代田区・中央区・港区という東京の中心部と島部で構成される。「二方面」は、「一方面」の南部の品川区・大田区。「三方面」は、その西側の目黒区・渋谷区・世田谷区だ。東京の二三区を時計回りに一、二、三と分けている。それぞれの方面の中心的な警察署には記者クラブが設けられ、新聞社と通信社、ＮＨＫの記者が常駐している。民放の記者はいない。

ぼくは、社会部に配属されると、まずは「三方面」担当になった。渋谷警察署の記者クラブに出勤し、目黒区、渋谷区、世田谷区の九つの警察署をグルグル回るのだ。これが、いわゆる「サツ回り」である。

合わせて三つの区役所も担当し、行政ニュースや町の話題を拾うことも仕事のうちである。

新人記者は、どんなコースをたどるのか

NHKも全国紙の新聞記者も、採用されると、まずは全国各地に配属され、五年ないし六年程度勤務した後、東京に転勤するというコースを通ることが多い。もちろんこれには例外もあって、全国各地を転々として、東京には行くことなく職業生活を終わる人もいる。全国紙の場合、大阪本社管内に最初に配属されると、大阪管内だけで転勤し、その後、大阪本社に上がる、というコースも多い。

NHKの場合、新人記者は、地方局を一つか二つ経験し、入社してから五年から一〇年程度経って、東京の報道局に転勤するコースが一般的だ。

ぼくが東京の社会部に転勤したとき、報道局は政治部、経済部、社会部、国際部（当時の名称は外信部）に分かれていた。その後、社会部からスポーツ部、そして科学・文化部が分かれ、報道局から分かれる形で新たに首都圏部も生まれることになる。

新聞社の場合は、報道局ではなく編集局と呼ばれる。科学・文化部は、科学部や文化部、

学芸部に分かれている場合が多い。国際部は外信部や外報部とも呼ばれる。

新聞記者の場合、以上のような部門以外に、整理部と呼ばれる部署もある。政治部や経済部、社会部の記者が書いた原稿を、どのように紙面に掲載するか判断し、見出しをつけてレイアウトを決めるのが仕事だ。

NHKでは、ニュース番組ごとに担当のディレクターが決められ、取材記者が書いた原稿をニュース用に編集して送出する仕事をする。

こうして東京で何年か勤務して経験を積んだ後、再び地方局に転勤していく。地方局でデスクになるケースが一般的だ。年齢では、四〇歳直前で地方局のデスクになる。

地方局のデスクは、若い記者を指導し、一人前の記者に育て上げることが大事な仕事だ。

「警視庁」に行くはずが

「方面」担当記者は、通常は担当の警察署の記者クラブにいるが、二週間に一度は警視庁記者クラブで宿泊勤務を経験する。ぼくが渋谷警察署の担当になってまもなくのことだ。警視庁に行く時間に遅れそうになったため、渋谷警察署の前でタクシーに乗った。「警視庁まで」と言うと、タクシーの運転手が、「では、高速で行きましょう」と言う。首都高速道路を利用しようという意味だ。ぼくは、「あれっ、警視庁に行くには高速を利用するんだっけ」とふと思ったが、まだ地理には慣れていない悲しさ、位置関係がよくわからない。「どうぞ」と答えた。

時間は夕方。外は雨。タクシーの窓から外を眺めても、暗くて何も見えない。タクシーは、なかなか警視庁に着かない。イライラしてきたころ、高速道路を降りた。すると、運転手が、「錦糸町に着きましたが、どの辺ですか?」と聞くではないか。ぼくはたまげてしまった。「けいしちょう」というぼくの言葉が、「きんしちょう」に聞こえてしまったのだ。

とんでもない遠回りをして、やっと警視庁記者クラブに着き、先輩記者に事の顚末を報告すると、大笑いされたことは言うまでもない。それ以来ぼくは、警視庁にタクシーで行くときは、「桜田門の警視庁にお願いします」という言い方をするようになった。これなら聞き間違えられる心配はない。

それにしても、ぼくの発音は、そんなにおかしかったのだろうか。

ポケットベルが渡された

社会部記者には、ポケットベルが渡された。まだ携帯電話などない時代。記者はみんな腰にポケットベルをつけていた。どこに行くときも忘れずに。ひっきりなしにピーピー鳴るうるさい装置だったが、地方勤務の記者にはそれまで無縁の「ハイテク装置」だったから、これを持つと、「ああ、社会部の記者になったんだなあ」と感激したものだ。

「方面」担当の記者は、通常、午前一〇時ころに担当の警察署の記者クラブに出勤する。担当の管内全警察署に電話を入れ、事件・事故が発生していないか、確認する。発生していたら、NHKは正午のニュース、新聞社は夕刊用に原稿を送る。

原稿を送る仕事が一段落すると、もう昼。各社の記者が連れ立って警察署近くで昼食をとる。その後は、各社別行動だ。管内の警察を回る者、区役所を回って「町の話題」を探す者など、いろいろだ。

夕方には各記者が記者クラブに戻ってきて、NHKの夜七時のニュースを見た後、再び夕食へ。午後一〇時ころまで記者クラブにいて事件の発生に備えた後、何もなければ帰宅する、という行動パターンだった。あるいは、それから警察幹部宅夜回り、というコースをとる。

大きな事件や事故が発生すれば、直ちに現場へ。警視庁記者クラブ詰めのベテラン記者と共に、現場で取材に入る。

とにかく拘束時間だけはやたらに長かった。記者はいつも外回り。タイムカードもない。管理職が労働時間を管理できないので、残業時間に応じて残業代を払うという仕組みがとれない。そこで記者だけは、「特定時間外」といって、実際に働いた残業時間とは無関係に、毎月「これだけ残業した」という「みなし時間」分の残業代が支払われた。警視庁担当だと、毎月一〇〇時間程度の残業をするが、実際に支払われるのは三〇時間分ほどだった。もっとも、これは当時のこと。現在は「働き方改革」が進められ、極端な長時間労働はなくなったと聞く。

「方面」担当記者は、警視庁記者クラブの指揮下に入っている。警視庁記者クラブには、責任者のキャップとサブキャップ、その下に一〇人程度の記者がいて、警視庁の中をグルグル回っている。

キャップとサブキャップは、警視庁記者クラブ詰めの記者と「方面」担当記者の双方の取材指揮をとっている。

「三方面」でぼくが一緒に仕事をした各社の記者は、地方から転勤してきた三〇歳前後の記者ばかり。まだ体力もあって、いずれも「地方では特ダネ記者だった」という自負を持っていて、元気いっぱい。常にワイワイガヤガヤと騒いで、楽しい日々だった。

その後、各社の記者たちは、海外に特派員で出たり、経済部の花形記者になったり、大学教授に転身したりと、さまざまなコースを歩んでいる。

「白い家の放火魔」を追いかけた

「世田谷で連続放火事件が起きているんだよね」

ぼくが「三方面」担当だったとき、管内の世田谷区内で、連続放火事件が相次いでいるという情報を、警視庁捜査一課担当の先輩記者が知らせてくれた。この事件について、警察は発表していなかった。世田谷区にはいくつも警察署がある。それぞれの警察署管内での放火事件は、一件か二件程度。一警察署で見るかぎり、連続放火事件には見えないのだ。大した事件ではないと考え、どこの警察署も記者に発表する発想はなかった。

ところが、世田谷区全体で考えると、連続性が見えてくる。警視庁捜査一課の放火事件担当刑事がこれに気づき、ひそかに捜査に入っていた。

この動きを知ったNHKの先輩記者が知らせてきたのだ。ぼくは早速、現場を見て回ることにした。それぞれの警察署で現場の住所を聞き込み、火災現場を回っていくと、どこも高級住宅街ばかり。白昼、留守宅に空き巣に入った犯人が、金目のものを盗んだ後、ソファを切り裂いたり、マヨネーズをテーブルにぶちまけたりして部屋を目茶苦茶にし、さらに火をつけて逃げる、という手口だった。

警察で「放火事件」と聞いたときには、ただの放火だと思っていたのだが、現場を実際に見ると、尋常ではない。

しかも、いくつもの家を見ているうちに、ある共通点に気づいた。被害にあった家は、どこも白い壁で、青い瓦屋根なのだ。

世田谷の高級住宅街で、白い壁に青い屋根。これが共通点だった。

まさに、現場に行かないと見えてこない事実だ。ぼくは、これを首都圏の企画ニュースとして提案した。カメラマンと一緒に被害にあった家を訪ね、部屋の中の様子を撮影させてもらった。「白い壁に青い屋根」も、しっかり撮影する。

このニュースを、首都圏向けの夕方のニュース番組で取り上げる当日、ある新聞の夕刊に、この事件が書かれてしまった。社会面トップ記事で、「白い家の連続放火魔」の文字が躍っていた。NHKだけの特ダネだと思っていたニュースだったが、結局、その新聞と一緒の特ダネということになってしまった。でも、どうして、その新聞社も、この事件に気づいたのか。その理由は、しばらくして、ある週刊誌に掲載された記事で判明した。

NHKの記者（ぼくのこと）が現場を回り、「白い家の放火魔」に気づいて、それを警察署の副署長に話した。その新聞社の記者が訪ねてきたとき、副署長は、「NHKの記者によると、白い家ばかりが放火されているらしいよ」と話をした。それを聞いた新聞記者が、慌てて追いかけたというのが真相だったというのだ。

自分の「発見」をうっかり副署長に話したばかりに、NHKだけの特ダネにはならなかったというわけだ。

NHKと新聞がニュースにしたことで、世田谷区の連続放火事件は、俄然注目を浴びるようになった。住民たちが、付近でこんな事件が相次いでいることに初めて気づき、警戒するようになったのだ。

その後も、放火事件は相次いだ。しかも、次第にエスカレートし、毎日のように発生するようになる。各警察署とも厳重な警戒態勢に入った。我々記者たちも、直ちに出動できる態勢をとって、固唾を呑んで待っている。「火災発生」の一報が入るたびに、現場周辺に捜査員が殺到する。記者たちも駆けつける。これが毎日繰り返された。

「火災の発生を待つ」というのは、なんだかヘンなものだ。放火など起きて欲しくないが、放火犯は、現行犯逮捕が原則だ。現場から逃げてしまった後で捜査して犯人を割り出すのは至難の業。放火の現場で取り押さえるのが一番なのだ。そのためには、犯人が放火を実行するのを待っていなければならない。不思議な気持ちだった。

そして遂に世田谷区内で発生した放火事件の直後、現場から逃げる男を警察官が見つけ、警察署に同行を求めた。警察で、男は犯行を認めた。これもＮＨＫの特ダネになった。

ひとつひとつは小さな事件でも、合わせると大きな事件になる。現場を見ると、新しい発見がある。事件をニュースにすることで、住民に警戒を呼びかけることができる。警察も捜査に本腰を入れる。それが容疑者逮捕に結びつく。事件取材のイロハを学ぶ思いだった。

容疑者が逮捕されたことを知った世田谷区の住人がＮＨＫに歓びの電話をかけてきてくれ

て、これを現場からの中継で伝えることができた。

こうした事件取材で特ダネをとったからだろうか、その後、警視庁の本部担当の事件記者になるのだが、それは後のこと。

誘拐事件も取材した

一九八〇年の八月は、異常な夏だった。ぼくは事件の連続に振り回されることになる。

発端は、誘拐事件だった。

この月、山梨県一宮町で五歳の保育園児が誘拐され、自宅に男の声で一〇〇〇万円を要求する電話がかかった。身代金目的の誘拐事件だ。ぼくは、東京の社会部から甲府放送局に応援に駆けつけた。

誘拐事件が発生すると、報道機関は、相互に「報道協定」を結ぶ。被害者の無事が確認されるまで報道しないことを条件に、警察から詳しい事実関係の説明を受けることになっている。

山梨県警察本部の講堂に各社の記者が詰めて待機する。誘拐犯から家族に身代金要求の電話がかかるなど、動きがあるたびに記者会見が開かれる。記者は、事件が解決したときに速報できるように、「予定稿」と呼ばれる原稿を書いて準備しておく。

ぼくは甲府市内のホテルに泊まり、毎朝、警察本部の講堂に出勤して、報道協定解除の日に向けた準備をする、という作業が続いた。

誘拐犯は、家族への電話で、「警察に知らせたら子どもを殺すぞ」と脅している。警察の捜査は慎重にならざるを得ない。子どもの行方がわからなくなった現場周辺で、ひそかに聞き込みが続けられる。

この状態が続いていたとき、山梨県内の別の町から、「夫が家を出たまま行方がわからなくなった」という捜索願が警察に寄せられた。この「夫」が誘拐犯だったのだ。

警察は、男が立ち回りそうな場所を捜査。八月一五日、東京都内で男を発見し、取り調べを始めた。山梨県警の講堂では、「容疑者確保」の発表があったが、まだ保育園児の安否がわからない。講堂の中にジリジリといら立った空気が流れる。ところがその前日、大事故が発生していた。

「これで現場を終わります」

八月一四日、富士山で落石事故が発生したのだ。山梨県警察本部の講堂に「富士山で落石事故発生。負傷者多数」という一報が入ってきた。

夏休みで混雑していた富士山の登山コースに、直径一メートルから二メートルもの大きな岩が、一度に五〇個から六〇個も落ちてきたのだ。落石の直撃を受け、登山中の一二人が死亡し、約三〇人が重軽傷を負うという大きな事故になった。

富士山に行くには、東京より甲府のほうが近いのは当たり前。社会部から、「中継車と一緒に富士山の現場に行け」という指示が出た。

落石事故が起きたのは、午後一時すぎ。一報を受けて甲府を出発したのは、午後三時すぎのこと。富士山五合目に着いた頃は、すでに午後六時半をだいぶ回っていた。

中継車は、さっそく中継の準備に入る。一方、ぼくは五合目を走り回って、事件の関係者を探す。落石で死亡した人は、すでに山から下ろされている。大けがをした人も、救急車で病院に運ばれている。事故の被害者が、五合目にはいない。困った。事故を目撃した人や救助活動をした人がいないか、聞いて回る。なかなか詳しい話は聞けない。

まもなく午後七時。七時のニュースで現場から中継することになった。中継スタッフからエアモニターを渡される。エアモニターは、小型のラジオのようなもの。テレビの音声が聞こえる。

ところが、なんとしたことか。エアモニターを耳に入れても、雑音が激しくて何も聞こえない。この頃は携帯電話などない。警察、消防、マスコミが、みんな無線機を使っている。この無線機の電波が混信して、テレビの音まで聞こえなくなっていたのだ。

オロオロしていたら、突然、雑音が途絶えた。一瞬だけＮＨＫテレビの音声が明瞭に聞こえてきた。「では、富士山五合目から、社会部・池上記者がお伝えします……」

さあ、大変だ。リポートしないと。ふと気づくと、ぼくはマイクを持っていない。マイクがなければリポートできない。あわてて周囲を見回すと、マイクを持った技術スタッフが、「リポートする記者はどこだ」と探している。ぼくは、「おーい、マイク、マイク」と叫びながら突進した。後で聞くと、この「マイク、マイク」の声が、マイクに入っていたという。マイクを持って、ぼくは、「富士山五合目です……」とリポートを始めた。そこで今度は、もうひとつのことに気がついた。カメラマンがいない。

リポートしながら周囲を見回すと、一〇メートルほど離れた場所で五合目の様子を撮影しているカメラマンの姿があった。ぼくは、あわてて小走りでそちらに向かった。リポートをしながらだ。やっと、カメラの前に出た。そこで、息が切れた。しゃべる内容も尽きた。カメラの前に出た途端、「これで現場を終わります」としか言えなかった。

後で考えると、こういうとき、リポートする記者の姿など、映像には不可欠な要素ではなかった。視聴者は、富士山五合目がどうなっているのかを映像で見て、それを説明する記者のリポートを耳で聞けば、それで十分だったのだ。でも、経験が浅かったぼくは、「リポートする記者は、画面に映っていなければならないはずだ」と思い込んでいたというわけだ。

「これで現場を終わります」としか言えなかったぼくは、「うわあ、失敗だった」と思いながら、近づいてきた先輩記者に、「どうでしたか?」と声をかけた。リポートの内容が適切だったかどうか、客観的な判断を知りたかったからだ。

ところがこのとき、中継はまだ切れていなかった。ぼくのリポートは終わっても、映像と音声は全国に流れていた。当然のことながら、「どうでしたか?」というぼくの声も全国に流れてしまった。

「失敗だった」と思った後に、本当の失敗をしてしまったのだ。

遺体の身元確認に立ち会った

その夜は、ほとんど寝られないまま続報原稿を書き続けた。翌朝のニュースでは、富士吉田市の遺体安置所前から中継した。今度は準備する時間がたっぷりあったので、失敗はしなかった。

中継後まもなく、警察による遺体の身元確認作業が始まった。ニュースで事故を知った家族が全国各地からかけつけ、警察官立会いのもとで遺体と対面する。柩《ひつぎ》の顔の部分のフタが開けられ、遺体の顔を見ると、「確かに」と言って泣き崩れる。

ぼくは、この現場に立ち会い、顔がひどく損傷した一人を除く一一人の顔を確認した。亡くなった人たちが、どんな人たちなのかを知りたかったことと、身元が判明したら、それをすぐに原稿にする必要があったからだ。

息子の柩が置いてある部屋に入っただけで、「どうしてー」と叫びながら泣き崩れる母親の姿もあった。

柩の中の人たちは、みな穏やかな顔をしていた。ぼくは、あの顔を忘れることができない。記者の取材とは、こういう現場に立ち会うことでもあったのだ。

こんな悲劇をしっかり全国に伝えることが、結局は、こうした事故の再発防止につながるのだ、とぼくは自分に言い聞かせていた。その気持ちは、いまも変わらない。これが記者の仕事なのだ、と思っている。

誘拐事件の取材にとって返す

ぼくが富士山落石事故の取材に追われている頃、一方で山梨県の誘拐事件の捜査は進展していた。警察の取り調べを受けていた男が、保育園児を殺したことを認めたのだ。

誘拐犯は、保育園児を誘拐した二日後には、子どもを殺し、山中に埋めて東京に逃げていた。男の自供にもとづき、警察の捜索が始まる。この様子は、山梨県警察本部の講堂で刻々と発表される。誘拐犯が逮捕されても、「報道協定」は続いていた。被害者の安否が正式に確認されるまで、協定は継続する原則になっているからだ。遺体が確認されたら、「報道協定」は解除され、大きなニュースになる。

山梨県警の講堂は火のついたような騒ぎになった。落石事故の取材が一段落したぼくに、「甲府に戻れ」の指示が来た。山梨県警察本部の講堂に戻ったのは、八月一五日の夜。まもなく、保育園児の遺体が確認された。「報道協定」は解除。通常の番組を中断して、臨時ニュースが始まる。

誘拐事件が発生した現場では、「報道協定」が結ばれている間は取材しないことになっている。記者やカメラマンの姿が犯人に見られると、事件を報道陣が知っていることを悟られ、「警察が動いているな」と察知されてしまうからだ。協定が解除されて初めて、報道陣が現場に駆けつける。

ぼくは、県警の講堂で、事件の経過、解説、今後の捜査の見通しの原稿を次々に書いていった。

翌朝、山中から掘り出された幼児の遺体の解剖が行われた。ぼくは、解剖が行われている大学の部屋の外で待機した。時期は真夏。山中に埋められていた遺体だから傷みがひどく、臭いが外まで流れて来る。着ている洋服やネクタイにまで臭いが染みつく。解剖が始まった時間、終わった時間を確認し、幼児がどんな状態だったかを原稿にするため、他社の記者たちと共に、汗だくになりながら、ひたすら待つ。

途中で、検察官に連れられた若い男性二人が解剖室に入っていく。「ははーん、司法修習生だなあ」と思ってみていると、間もなくして、真っ青な顔をした二人が出てきた。ひとりは口を押さえている。いきなり解剖の様子を見て、思わず吐いてしまったのだろう。修羅場をくぐったことのない若い修習生には、あまりに酷い経験だったに違いない。

ちなみに司法修習生とは、司法試験に合格した後に受けることになっている研修を受けている人たちだ。研修が終わると、裁判官、検察官、弁護士の進路に分かれていく。

今度は静岡でガス爆発

誘拐事件でも、ほとんど徹夜の仕事になった。ようやく一段落して、甲府放送局でやれやれ、と思っていたら、「静岡駅前でガス爆発事故」のニュース速報。八月一六日午前一〇時頃の速報だった。

この事故は、静岡駅前のビルの地下でガス爆発が起き、警察や消防、報道陣が現場に駆けつけたところで、二度目の大爆発が発生したというものだった。二度目の爆発で、消防士五人を含む一五人が死亡し、二三三人もが負傷した。

ＮＨＫのニュースを見ていても、爆発現場の情報がなかなか入ってこない。「どうしているんだ」とイライラして見ていたが、実は、現場に駆けつけたNHK静岡放送局の記者とカメラマンも爆発に巻き込まれ、大やけどを負っていたのだった。原稿や映像を送るどころではなかった。

事故の様子が判明するにつれ、被害者の数がドンドン増えていく。

「今度は静岡に転進か」と覚悟を決めたところで、社会部から、「この事故については、社会部から別のクルーを応援に出す。お前たちは帰って来い」という指示がきた。

甲府から富士山、再び甲府へと、二つの大きな事件・事故を取材して二晩徹夜。すっかり疲れきって東京に戻った。山梨では翌年にも誘拐事件が発生し、ぼくは再び応援取材に行くことになるのだが。

疲れきって一週間ぶりに自宅に帰ると、四歳の娘が、玄関まで走ってきて、ぼくに飛びついた。誘拐され殺された五歳の保育園児と、ほとんどおない年だ。突然、ぼくは、我が子を誘拐されて殺された父親の無念さが、まさに自分のこととして理解できた。このとき初めて涙が出た。

「私の後ろのバスの中に遺体があります」

この年の夏は異常だった。

山梨の誘拐事件、富士山落石、静岡駅前ガス爆発と事件・事故が連続した夏に、もうひとつの異常な事件が発生した。

静岡駅前ガス爆発事故の三日後、一九八〇年八月一九日の夜のことだった。山梨での取材を終えて東京に戻っていたぼくは、この夜、渋谷警察署の記者クラブにいた。午後九時四〇分。当時は「ニュースセンター9時」が九時四〇分に終わっていたので、それまでは事件の発生を警戒して記者クラブで待機するのが日課だったからだ。そろそろ帰ろうと思い、警視庁記者クラブに電話をかけた。「方面」担当記者は警視庁記者クラブの指揮を受けているからだ。

「そろそろ帰りますが」と声をかけると、「新宿駅の近くで、バスが火事になったらしいんだ。新宿警察署担当の記者がつかまらないから、お前、現場に行ってくれ」という。

記者クラブにいた各社の記者のポケットベルが一斉に鳴り出し、次々に同じ指示を受けている。ぼくは各社の記者と一緒に、タクシーを拾って新宿に向かった。「どうせ、バスのエンジンから煙でも出た程度のことだろう」などと言いながら。

現場に着いて驚いた。新宿駅西口前のターミナル全体が封鎖され、真っ黒に焦げた京王帝都バス（現在の京王バス）が止まっている。車内に三人の遺体がまだあるという。

このバス放火は、「通り魔」的な事件だった。午後九時すぎ、酒に酔った三八歳の無職の男が、うっぷん晴らしに、発車待ちしていたバスの車内にガソリンの入ったバケツと火のついた新聞紙を投げ込んだのだ。

約三〇人の乗客でほぼ満員の車内でガソリンは爆発的に燃え上がり、プロ野球観戦帰りの親子連れなど三人がバスの車内で死亡。さらに三人が、運び込まれた病院で死亡した。ほかに一四人が大やけどを負った。

火をつけた男は、たまたま事件を目撃した通行人の男性二人が協力して追跡し、つかまえた。

ぼくが現場に駆けつけたとき、けが人は病院に運ばれていたが、車内で即死状態だった三人の遺体は、まだそのままだった。

時刻はまもなく午後一一時。現場から中継リポートすることになった。警視庁担当の先輩記者も駆けつけたので、本来ならその記者がリポートするところだが、その記者は、取材先で捜査員と酒を飲んでいた。顔が赤く、テレビに出演するわけにいかないという。素面《しらふ》だったぼくにお鉢が回ってきた。酒が飲めないと、こういう仕事が回ってくることがある。

黒焦げになったバスを背景にして、ぼくはリポートを始めた。

「私の後ろのバスが、放火された京王帝都バスです。車体が真っ黒に焦げ、火の勢いが強かったことを示しています。亡くなった三人の遺体は、まだ車内にあります」

情景描写からリポートを始めた。これもまた、なんともやりきれない事件だった。何の罪もない人たちが、たまたまこの時間のバスに乗っていたという偶然で、こんな被害にあったのだ。記者リポートが終わり、遺体が新宿警察署に運ばれて安置されると、ぼくは、遺体に向かってそっと手を合わせた。

その後、さまざまな殺人事件を取材するたび、ぼくは遺体に向かって手を合わせることが習慣になった。

この事件には、後日談がある。翌年の暮れ、社会部の先輩記者が、この事件の被害者の心の軌跡を追う企画番組を制作するため、大やけどを負った女性を取材した。この取材に応じた女性は、NHKのインタビュー取材に応じた後、自営業の夫の経営が破綻したことから、それを苦に夫と心中をはかろうとした。夫婦で福井県の東尋坊《とうじんぼう》に向かったのだ。しかし、女性は最後まで逡巡。一縷の望みを託したのが、取材に応じたときに受け取ったNHK記者の名刺だった。東尋坊そばの公衆電話からNHK記者に電話して、「明日、東尋坊で自殺します」と告げ、泊まっていた旅館の名前を知らせた。

連絡を受けた記者は、直ちに東尋坊に直行。深夜、旅館に到着。二人を説得し、二人は心中を踏みとどまった。記者が人の命を救うことができる。ぼくには衝撃だった。

死ぬか生きるか逡巡した女性が、その直前に取材で会っただけの関係の記者に助けを求める。そんなにも取材相手の信頼をかちとることができる記者を、ぼくは尊敬した。

この経緯は、その女性が後にドキュメントにまとめた（杉原美津子著『生きてみたい、もう一度　新宿バス放火事件』新風舎文庫）。

放火事件を起こした男性は、裁判で心神耗弱と認定され、死刑ではなく無期懲役の判決を受けた。大やけどを負った被害者の女性は、放火事件を起こした男性を許そうと、獄中の男性と文通を試みる。一度は謝罪の返信を受け取ったが、この男性は、服役中の一九九七年、刑務所内で自殺した。

警視庁の「コロシ担当記者」になった

ＮＨＫは毎年夏に定期異動がある。ぼくが渋谷警察署を拠点に「三方面」を担当して一年が経った。新たに地方局から社会部に転勤してきた記者に「三方面」の仕事を引継ぎ、警視庁担当の記者になった。新宿バス放火事件の発生からまもなくのことだった。どうも事件向きの記者と上司から判断されたらしい。

前に述べたように警視庁記者クラブは、クラブにいる記者たちを統括するキャップと、キャップを補佐するサブキャップ、それに各担当記者で構成されている。ＮＨＫの場合、その数一一人。新聞各社もほぼ同じ体制だ。ひとつの記者クラブに、これだけ大勢の記者が常時詰めているのは警視庁記者クラブだけだ。

担当は、捜査一課・三課、捜査二課・四課、交通・防犯、警備・公安の四分野に分かれる。ぼくは、そのうちの捜査一課・三課担当になった。捜査一課は、殺人・強盗・放火・誘拐・重大な業務上過失事件などを担当する。捜査三課は、窃盗などの事件を捜査している。

この両方の課を担当しているのは、NHKも全国紙も各社三人。事件発生のたびに現場に飛び、現場周辺で聞き込みをして、捜査員の家に夜回りに行くという、日本のマスコミの中で最も過酷な仕事として知られていた。

警視庁記者クラブといえば、かつては各社とも社会部の花形クラブだったが、東京地検特捜部が華々しい活躍をするようになってからは、影が薄くなる傾向にある。その割に勤務は熾烈を極めるので、担当を希望する記者も減りつつある。ぼくも社会部に転勤したとき、内心「警視庁記者クラブだけは避けたいものだ」と思っていたほどだった。

それが、警視庁記者クラブ担当とは。担当が決まる直前、「警視庁を担当しないか」という内々の打診があった。ぼくは迷った。あまりに苛酷な勤務。でも、仕事は面白そう。記者になった以上、記者の仕事で一番苛酷な職場を体験してみよう。それだけの価値はあるだろう、と決心したのだ。

地獄の「夜回り」が待っていた

しかし、やはり仕事はつらかった。地獄の「夜回り」が待っていた。

「夜回り」については、松江時代のところでも触れたが、昼間会えない捜査員に話を聞きに、夜、捜査員の自宅に行くことをいう。朝、出勤する捜査員を自宅前でつかまえて話を聞くこともある。この両方を合わせて、「夜討ち朝駆け」という表現もある。

東京都内で容疑者がわからない殺人事件が発生すると、警視庁捜査一課の捜査員が現場に出動する。簡単には解決しそうもない事件だと判断されると、管轄の警察署内に捜査本部が設置される。事件担当の捜査員は、警視庁ではなく、この捜査本部に出勤。発生から数日は、自宅に帰ることもままならず、警察署の道場（柔道、剣道の練習ができる畳敷の部屋）に貸し布団を並べて雑魚寝《ざこね》する。苛酷な勤務だ。

数日経つと、ようやく自宅に帰れるようになるが、それでも郊外の自宅へたどり着くのは終電車で、ということになる。捜査一課担当の記者は、それを待ち受けるのである。

待ち受けていても、話が聞けるとは限らない。捜査員だって昼間の聞き込み捜査で疲れ果てている。やっと自宅に戻って寝ようと思ったら記者がいた、というのではたまらない。そもそも会ってくれようとしない捜査員も多い。会っても口数は少ない。それはそうだろう。うっかり捜査の秘密をしゃべって、それが報道されたら、犯人が逃げてしまうかも知れない。

そんな危険を冒してまで記者に話をする義務はない。

夜回りに行く記者も、そんな事情は先刻承知。でも、聞かねばならぬ。毎日が、この繰返しだ。それでも、玄関先でしか話に応じてくれなかった捜査員が、そのうちに「まあ、上がれや」と言って部屋に通してくれたときの喜び。大した話を聞けなくても、捜査員から信頼されるようになったのではないか、と心震える思いがする。

捜査員の自宅に夜回りに行くと、話を聞き終えたころには電車も走っていない。このため、夜回りには各社ともハイヤーを使用する。終電で帰宅した捜査員から話を聞き、朝のニュースに入れるような特ダネ情報を得られれば、それから警視庁記者クラブにとって返して、原稿を書く。原稿を送り終わったころには、空が白々としてくる。

朝のニュースに入れるような材料がなければ、そのまま帰宅するが、帰り着くのは毎日午前二時すぎだ。それから入浴して、寝るのは午前三時。「朝駆け」しないときは午前九時前に自宅を出るから、そもそも自宅での滞在時間が七時間もない。

午前五時、恐怖の電話

寝たとたん、電話で起こされることもしばしばだ。社会部や警視庁記者クラブには泊まり勤務の記者がいるから、新聞の朝刊で特ダネを抜かれていると、「抜かれているぞ。早く追いかけろ」という電話がかかってくる。これが午前五時。この時間に電話が鳴ると、泣きたくなる。

ここで、簡単な計算をしてみよう。警視庁記者クラブには各社の記者がいるが、NHKと全国紙、通信社を合わせて概ね六社程度が、同等の力で競っている。この六社が、毎日順番に特ダネを書いたら、どうなるだろうか。他社と同じレベルの取材力を持っていても、六日のうち五日は他社に特ダネを抜かれ続けるという計算になる。

もちろん、そんなに毎日特ダネが出るわけではないが、実感からすると、しょっちゅう特ダネを抜かれているということになる。

これが続くと、精神的に実に堪える。自分は記者として失格ではないかと自信喪失状態になる。これを外から見れば、「大したことのない話で、大の大人が抜いた抜かれたなんて、バカバカしい」と思うかも知れないが、当の本人たちは必死なのだ。激しい競争を繰り広げているからこそ、そこでの競争に勝ち抜きたいという気持ちが高まる。

警視庁時代のストレスは大変なものだった。ぼくは、警視庁担当からはずれた後も、しばらくの間は、午前五時ころ、電話がかかってきたような幻覚に襲われて目を覚ました。目が覚めてから、「ああ、もう警視庁担当ではなくなったんだ」と安堵して再び寝るということを繰り返した。

捜査一課担当の記者の仕事は、夜回りばかりではない。殺人事件が発生すれば、いつでも呼び出される。事件は日時を選ばない。年末年始の呼び出しは、ことのほかつらいものだった。

捜査一課担当は、いつ事件現場に呼び出されるかわからない。現場に行けば、飲食も睡眠もとれない状態になるかも知れない。それを考えると、少しでも腹が減ったら食べておく、空き時間があったら短時間でも睡眠をとっておく、という習慣が身につく。

ぼくは、捜査一課担当の二年間で、精神的にすっかり図太くなった。少しばかりのことでは驚かなくなった。大事なものを失った気がする。

各社とも、社会部で警視庁を担当した記者は、そこで地獄を見る。世の中にこれ以上つらい仕事はないだろう、という思いをする。このため、警視庁担当をはずれると、どんなつらい仕事を担当させられても、「警視庁時代のつらさに比べれば、大したことはない」という気になって我慢できてしまう。警視庁担当経験者は、その後各方面で重宝されるのである。

「ネタ元」は守らなければ

夜回りをするのは、捜査員からニュースになる情報を聞き出すためだ。でも、捜査員には、公務員としての守秘義務がある。捜査に支障のない情報であっても、気軽に話してくれるわけではない。記者との信頼関係が築かれ、「この記者だったら、自分がしゃべったことを他人に言い触らしたりしないだろう」と信じてくれるからこそ、情報を教えてくれるのだ。そのためには、自分がどの捜査員の家を夜回りしているか、しっかり隠しておかなければならない。「情報源の秘匿《ひとく》」と呼ばれるものだ。

　夜回り先まで乗っていったハイヤーは、捜査員の自宅からかなり離れた目立たない場所に停めておく。自宅前で捜査員の帰りを待っていると目立つので、少し離れた場所でひっそりと待つ。場合によっては、自宅を避け、捜査員が乗って帰る電車の駅で待つ。

　住宅街で待っていると、思わぬ誤解が生じることがある。付近の住民に不審者と思われ、一一〇番通報されることがあるのだ。突然パトカーがやってきて、「キミ、ここで何をしているのかね」と職務質問されてしまう。でも、このとき、「ぼくは記者で、警視庁の捜査員が帰宅するのを待っています」などと答えるわけにはいかない。パトカーの乗務員を通じて、「記者があの捜査員の自宅に夜回りに来ている」ことが警視庁の上層部に伝わってしまう恐れがあるからだ。そんなことになったら、捜査員に迷惑がかかる。職務質問を受けたら、とぼけるしかない。

　また、夜回り先で他社の記者と出くわすという事態も起こりうる。ぼくが、ある捜査員の家に行っていることを他社の記者が知ると、その記者は、捜査一課の幹部に、「あの捜査員はＮＨＫの記者に情報を流しているようですよ」などと告げ口をするかも知れない。その結果、捜査員が左遷させられれば、ＮＨＫの情報源をつぶすことができるからだ。

そんなことがないように、夜回りでは、他社の記者にも気づかれないように注意する必要がある。ぼくが東京の郊外で、捜査員の帰りを待っていたときのこと。遠くから他社の記者がやって来るのが見えた。「そうか、この捜査員の家には、あの新聞記者も夜回りに来ているのか」と気づいたのだが、こちらのことが知られては困る。あわてて、その場を離れた。

すると、その新聞記者が、誰かが逃げ出したことに気づいた。「きっと他社の記者だろう。どこの社か確認してやろう」と考えたらしく、追いかけてくる。ぼくは焦った。捜査員を守るため、情報源を守るため、必死になって逃げる。住宅街のはずれの小高い山の中に逃げ込んだ。午前○時ころのことだった。深夜に山中での逃走劇である。傍から見れば、なんともマンガのようなことをしていたのである。

時間つぶしに勉強した

夜回りというのは、肉体的にも精神的にもつらいだけではなく、膨大な時間の浪費でもある。捜査員がいつ帰宅するかわからないまま、ひたすら待ち続けるからだ。結局帰って来なかった、ということもよくあった。捜査が長引いて終電に間に合わず、捜査本部のある警察署に泊まり込んでしまうからだ。

こんな空振りは、実に虚しい。終電の時間が過ぎたのを確認して、しょんぼりと帰る。「帰宅しないのは、捜査に進展があったからではないか。いまごろ、容疑者を取り調べているかも知れない。明日の新聞に、容疑者取り調べ、という大きな見出しが躍っていたらどうしよう」などという胸騒ぎを覚えながら。

ぼくはこの虚しさを少しでも紛らわすため、捜査員を待つ時間は、自分のための勉強時間に当てることにした。英会話の勉強をしたのである。

捜査員の自宅前で待つわけにいかないから、最寄り駅から捜査員が徒歩で帰宅する道筋の途中で待ち受ける。周辺は暗くても、道路脇の自動販売機には明かりがついている。この明かりで英会話のテキストを見て、暗記すべき言い回しを確認する。その後は暗がりで、ブツブツ言いながら暗唱するのだ。これは結構なヒマつぶしになった。その後、ここで培った英語力が役に立つことになる。

捜査員を待つ場所がかなり明るかった場合は、経済の本を読んでいた。ぼくは大学で経済学を専攻した。特に専門的な勉強をしたわけではないが、大学卒業後も、経済に関する本は好きでよく読むようにしていた。どうせ時間がたっぷりあるのなら、経済の勉強もしておこうと考えたのだ。こうして得られた経済の基礎知識は、その後、「週刊こどもニュース」で経済のニュースを解説する際、大変役立った。

もちろん、本筋の勉強もおろそかにはしなかったつもりだ。法医学の本も読みふけって、殺人現場の死体の様子から犯行を推理・捜査する手法についても勉強した。

しかし、この「夜回り」という方法に関しては、さまざまな議論があるのも事実だ。どれだけ意味があるのか、ということだ。警察は容疑者を割り出そうとしているのだから、いずれ容疑者が浮かべば発表されるだろう。容疑者を逮捕した時点でも発表がある。それを待たずに膨大な時間をかけて、ごくわずかな情報を集めようとする。実にコスパ（コストパフォーマンス）が悪いことだ。働き方改革が進められるいま、抜本的な改革が必要であることは間違いないだろう。

警視庁担当時代、ぼくは実にさまざまな事件を取材した。その一部を、これから紹介しよう。

ホテル火災と飛行機事故と

「おーい、飛行機が落ちたんだ。すぐに羽田に行ってくれ」

一九八二年二月九日の朝のこと。警視庁担当の先輩記者から、自宅にこんな電話がかかってきた。悪い冗談かと一瞬思ってしまうような電話だった。

というのも前日、東京では「ホテルニュージャパン」という巨大ホテルが火災を起こし、三三人もが亡くなる大事件が起きていたからだ。前日は、このホテル火災の取材にかかりっきりだった。ホテルの前から中継リポートもした。この日も、引き続きホテル火災の取材をする予定だった。

ホテルニュージャパンの火災は、イギリス人宿泊客の寝タバコの火が原因だった。寝タバコの火がベッドの毛布に燃え移り、これに気づいた宿泊客は、いったん毛布を丸めて火を消したつもりだったが、再び寝込んでしまった後、火が燃え広がったのだった。この詳しい経緯については、その後、ぼくの特ダネになった。

ホテルは、スプリンクラーなどの防火設備が不十分で、防火対策の不備が被害を広げた。この火災現場は、現在では「プルデンシャルタワー」という近代的なビルに生まれ変わっている。

それはともかく、「ホテル火災の次は飛行機事故とは、どうなっているんだ」などと思いながら、ぼくは慌てて家を飛び出し、自宅近くでタクシーに乗った。

「羽田空港に行ってください」と運転手に言ってから、ハタと気づいた。羽田に行くのはいいけれど、そもそも飛行機はどこに落ちたんだろう、と。実は、その羽田空港に落ちていたのだった。

この日、福岡発羽田行きの日本航空の旅客機が、羽田空港に着陸する寸前、滑走路手前の海に、機首の部分から突っ込んだ。二四人が亡くなり、けが人は一四九人に上っていた。

滑走路を走った

タクシーで羽田空港に到着すると、まず空港近くの空港警察署に飛び込んだ。「飛行機はどこに落ちた?」と聞くと、「滑走路のすぐ先の海だ」という答え。少しでも現場に近づこうと、ぼくは走り出した。

飛行機が落ちた直後から、羽田空港は飛行機の発着が全面的に停止していた。滑走路に飛行機はいなかったので、滑走路を走った。走っても走っても、滑走路の端には行き着かない。滑走路の長さを実感しながらの走りになった。実際には息切れして、走ったり歩いたりしながら、というのが正確な表現だが。

ホテルニュージャパンの火災（右）と羽田沖の日航機墜落事故、連続して大惨事が発生した

一〇分ほどかかって、やっと滑走路の端にたどり着いた。すでに同僚のNHK記者がカメラの前で中継している。その記者の後方の海に、日航機が機首を突っ込み、まるで座り込むような格好になっていた。

現場中継は、途中からぼくが担当した。NHKのテレビやラジオは、予定されていた番組をすべて中止して、羽田沖の日航機墜落事故を伝えている。

日航機の翼の上からリポートした

午後になって現場中継をほかの記者に代わったところで、日航機まで行くことになった。NHKのスタッフが漁船をチャーターしたのだ。船で飛行機に近づくと、ケロシンというジェット燃料の臭いが漂ってくる。飛行機からもれた油が、機体の周囲に浮かんでいる。漁船を機体に横付けし、飛行機の左主翼に飛び乗った。翼の上から機内を覗き込むと、座席がメチャメチャに壊れている。飛行機の座席とは、こんなにも脆《もろ》いものなのか。驚いてしまう。せっかく機体にたどり着いたのだから、ここでリポートすることにした。ヌルヌルして滑りやすい翼の上で、カメラを前に記者リポートを始めた。生中継ではなく、ビデオに収録した。収録されたリポートは、その夜のニュースで放送された。

これが現在なら飛行機の周辺にマスコミは近づけないようにされていただろうが、当時はそんなことは全くなかった。簡単に飛行機の翼に乗れ、誰も遮ることはしなかった。

機長が逆噴射させていた

この飛行機事故は、信じられない原因によって起きていた。着陸直前、機長が操縦桿を前に倒した上にエンジンを逆噴射させたことによって発生していたのだ。機長がわざと飛行機を墜落させたのである。

事故発生から三日後の二月一二日、ＮＨＫは夜七時のニュースで、「エンジンの一部が逆噴射の状態になっていること。機長がわざと飛行機を墜落させようとしていた疑いがあること」を初めて報じた。ＮＨＫの特ダネだった。

飛行機は、滑走路に着陸した後、速度を落とすため、ジェットエンジンから後方に噴き出している空気を、逆噴射板を出して逆に前方に送る。これがブレーキの役割を果たして、スピードを落としている。これがエンジンの逆噴射と呼ばれる。実際にはエンジンが逆噴射しているわけではなく、後方に噴射されている空気を前に送っているだけなのだが。本来、着陸してからすべきことを、機体がまだ空中にあるうちにやってしまったのだ。これでは、飛行機は浮かんでいられない。一気に墜落した。

この情報は、NHK社会部OBのノンフィクション作家・柳田邦男さんが、日本航空の関係者から聞き出したものだった。

NHKのニュースが流れたとき、警視庁では、捜査一課長の部屋で、記者会見が開かれていた。殺人事件や強盗事件を捜査する捜査一課は、こうした重大な事故も担当するからだ。記者会見の途中で、捜査一課長も記者たちも、部屋のテレビでNHKニュースに見入ることになった。このとき、捜査一課長が、みるみる顔を紅潮させ、「聞いていないぞ」と怒り出したことを、ぼくは覚えている。本当に知らなかったのか、捜査の秘密として隠しておくことに決めた事実が報道されてしまったことに怒ったのか、そのどちらかは、わからなかったけれど。

事故を起こした機長が、以前に「心身症」の診断を受けていたこともわかっていたが、この診断と事故との因果関係は、この時点では不明だったので、NHKのニュースの中では、

「心身症」の診断を受けていたことは報じないでおいた。

NHKの報道を受け、日本航空がこの夜、記者会見を開いて、「心身症」の診断を受けていた事実を公表してしまった。しかし実際には、機長の精神状態は「心身症」ではなかった。「精神分裂病（現在は「統合失調症」と呼ぶ）」だったのだ。

「心身症」とは、精神的なストレスによって起こる胃痛や吐き気などの症状の総称であって、精神病とは関係がない。機長が「心身症」の診断を受けていたと発表されたことで、「心身症」という言葉がひとり歩きするようになり、まるで精神病であるかのような誤解が広がってしまった。

その後、機長が操縦桿を前に倒してエンジンを逆噴射させたとき、副操縦士が、「キャプテンやめてください」と叫んでいたこともわかった。

警視庁の捜査の結果、機長は着陸直前、頭の中に「いね、いね」という言葉を聞いた気がして、操縦していた飛行機を墜落させていたことがわかった。「いね」とは、機長の出身地である大分県地方の方言で「死ね」という意味だった。

この事故以降、「逆噴射」あるいは「キャプテンやめてください」が流行語になってしまった。

機長の刑事責任が問えるのか

この事故では、航空会社がパイロットの健康をどう管理しているのかが大きな問題になった。精神状態に問題のある人物がパイロットの仕事を続けていたからだ。同時に、機長の刑事責任を問えるかどうかも大きなニュースになっていた。

機長が飛行機を墜落させた以上、業務上過失致死傷の疑いで逮捕して調べるのが常道だった。その上で、もし機長の精神状態に問題があれば精神科医の精神鑑定を受けさせて、刑事責任が問えるかどうかを確認する。責任能力があれば起訴するし、能力がなければ精神科病院に入院させる、ということになる。

しかし、この場合、機長の精神状態に異常が見られることは明らかだった。そこで警視庁は、ひとまず逮捕は見送り、まずは精神科病院に入院させて鑑定を受けさせる「鑑定留置」という異例の方法をとった。

こうなると、今後のニュースの焦点は、機長の精神状態が刑事責任を問えるものかどうか、という点に絞られてくる。ぼくは、同僚記者と一緒に、精神鑑定に当たっていた医師を取材した。その結果は、「明らかに精神分裂病（統合失調症）であり、責任能力はない」というものだった。

ただ、これを直ちにニュースにするのは見送った。この精神鑑定の結果を警視庁として検討するのに時間を要し、正式な方針が打ち出されるまでには、もう少し時間がかかるだろう、と考えたからだ。しかし、いつでも放送には出せるように、原稿は書いておいた。いつでも出せるように準備しておく原稿のことを「予定稿」という。これを用意しておいたのだ。

だが数日後、ある全国紙が、このことを一面トップで「特ダネ」として書いてしまった。「しまった」と思ったのだが、仕方がない。直ちに「予定稿」を出して放送した。結果的には、全国紙が書いたその日の朝のニュースでしっかりとした内容のものを出すことができたからよかったのだが、もっと早く出しておけば単独の特ダネになったのに、と悔やまれた。

特ダネをとるというのは、取材そのものがむずかしいばかりではない。どのタイミングでニュースにするか判断するのも大変なのだ。せっかく情報を入手しても、ニュースに出すのが遅ければ他社に先を越されるし、あまりに早いと、当局がその後方針を変えてしまって、結果的に誤報になってしまうこともありうるからだ。

正確な情報をいち早く入手し、適切なタイミングでニュースにすることで、特ダネは実現できる。と、まあ、こう書いてしまえば簡単なのだが、現実は、なかなかそうはいかない。

「通り魔殺人」と「人質立てこもり」が同時に発生した

「警視庁から各移動。江東区深川で、連続傷害事件発生。マルヒは、通行人を刺した後、近くの飲食店に逃げ込み、立てこもった模様。現場に急行のＰＭは、各自、受傷事故防止に努められたい」

正午直前。警視庁の庁内に警察無線の声が響く。「深川通り魔事件」として知られることになる事件の発生だ。

「各移動」というのは、「各パトカー」という意味で、東京都内をパトロールしているパトカーや捜査用の覆面パトカーのことを指す。「マルヒ」は被疑者のこと。つまり容疑者だ。「ＰＭ」は「ポリスマン」つまり警察官。「受傷事故」とは、「犯人に傷つけられること」。要するに、犯人は凶器を持っているから気をつけろ、と言っているのだ。

一九八一年六月一七日、東京・江東区森下で、通りすがりの親子連れなど四人が次々に刺し殺され、さらに二人が刺されてけがをする事件が発生した。犯人は、近くの中国料理店に侵入。店主の奥さんを人質にして立てこもった。

通り魔殺人と人質立てこもりが同時に発生。大事件だ。直ちに現場へ。中国料理店の前の大通りは通行止めになり、非常線が張られた。犯人が万一火を放った場合に備え、消防車も待機した。もちろん、人質の健康状態を考えて救急車も。

こういう大事件の場合、「前線本部」の設置が必要になる。近所の飲食店や事務所などの一部を借りて、原稿を書いたり中継の打合せをしたりできる場所を確保するのだ。ＮＨＫは、近くの事務所の一角を貸していただいた。大事件だけに、事務所の人たちは、快く部屋の使用を認めてくれた。

ここを拠点に、随時、テレビやラジオで現場の様子をリポートする。ただし、立てこもっている犯人が室内でテレビを見たりラジオを聞いたりしている可能性があるので、警察の動きなどについてはリポートの中で触れないことにした。視聴者に、できる限り詳細な情報を伝えたいと思う一方で、人質の安全は確保しなければならない。この種の事件の現場中継では、いつも悩む問題だ。

中継リポートの直前に事態が動いた

事件は進展がないまま、午後の六時を回った。夕方の首都圏向けのニュースでは、この「方面」を担当している記者が中継リポートをした。事前にこの記者から、「どんなリポートをすればいいでしょうか」とアドバイスを求められたぼくは、「事件発生から六時間以上も経っているのに、依然として事態が動いていない」という話を中心にして、現場の様子を描写するように、と指示しておいた。

そして、まもなく七時の全国ニュースの時間だ。こちらは、ぼくの担当。やはり同じように、「事態が進展していない」というトーンの原稿を書き、原稿を見ないでリポートできるように、内容を頭に叩き込んだ。

午後七時一〇分前。現場の中国料理店をバックにして立ち、中継の準備が整った。ところが、七時五分前、突然事態が動いた。料理店を囲んでいた捜査員たちが、一斉に店内になだれ込んだのだ。現場は大混乱。ぼくの周囲の新聞社のカメラマンたちが、争うようにして脚立に上る。ぼくの所からは、現場が見えなくなってしまった。

大混乱のうちに、時計の針は七時を回る。まずは、現場中継だ。ライトがぼくに当たる。ぼくは夢中になってしゃべり出していた。「きょう正午前に発生した人質立てこもり事件は、七時間近く経ちましたが、たったいま、捜査員が突入しました」

横にいたスタッフが、「人質は無事だ」と情報を入れてくれる。「人質になっていた女性は無事です」

ここまでリポートすると、料理店の前が大騒ぎになる。逮捕された男が、捜査員に抱き抱えられるようにして店内から出てきたのだ。

ぼくは、スタッフに支えられて、カメラマン用の脚立の上によじ登り、ライトに照らされた男の様子を見ながら、この男の名前を連呼した。実は、警察は男の名前を発表していなかったが、深川警察署で取材していたＮＨＫの記者が、名前を聞き出していたのだ。立てこもりが続いている間は、男が放送を聞いている可能性を考慮して、刺激しないように名前は出さないことにしていた。逮捕されたので、名前を出したのだ。

大混乱のうちに、中継リポートは終わった。後でこの映像を見ると、なんと男は猿ぐつわを口にかまされ、ブリーフ姿ではないか。

中継中には、そんなところまでぼくの場所からは見えなかった。視聴者のほうが、ぼくよりはっきり男を見ていたのだった。

このブリーフ姿は憶測を呼んだが、捜査員が男を逮捕した際、凶器を体に隠し持っていないか調べるためにズボンを脱がし、そのまま連行してしまったものだった。後で捜査一課長が、「あれは失敗だった。ズボンをはかせてから連行すればよかった」と悔やんでいた。

人質の夫は激怒した

人質になっていた女性は、病院で健康診断を受け、警察の事情聴取を受けた後、帰宅した。ぼくと同僚記者は、この女性から人質になっていたときの様子を聞こうと、自宅を訪れた。

玄関のチャイムを鳴らすと、女性の夫が出てきた。「ＮＨＫですが、奥様に話を聞きたいと思いまして……」と切り出すと、男性の血相が変わった。「なにぃ」と言いながら、ぼくの襟首に左手で摑みかかる。右腕のこぶしを振り上げる。ぼくは一瞬、なぐられることを覚悟した。

「この事件では死者も出ているんだ。なんでうちのヤツだけ無事なのかと思っている人もいるんだ。こんなときに、私は無事でした、なんてインタビューに答えられると思っているのか」と怒鳴る夫。

なぐられることはなかったが、ぼくたちは、そのまま近くの交番に突き出された。さあ、困ったのは交番の警察官だ。人質の夫とＮＨＫ記者のトラブルとは。「まあ、まあ、落ち着いて」と仲裁に入ってくれた。

ここでようやく男性は落ち着いて、置かれている立場について説明してくれた。近所の人たちが犠牲になっているのに、自分の妻が無事だったことは、申し訳ない気がする。とてもインタビューには応じられない、という趣旨のことを、改めて説明してくれた。

ぼくはいたく反省した。こちらとしては、「人質になっていた女性は、どんな人なのだろう。どんな思いをしていたんだろう」と多くの視聴者が知りたいだろうから、その要求に応えるインタビューを実現させたいと思っていただけだった。

でも、その行動が、被害者とその家族の心を傷つけるものになった。被害者なのに、近所の別の被害者のことを考えると、とても同じ被害者とは言えない、と考えてしまう人たち。その心の優しさを知ると共に、「無事でよかったね」と声をかけることができないほど深刻な事件だったことを、改めて実感した。

交番でしばらく話し合った結果、男性は落ち着きを取り戻して帰って行った。残されたぼくたち二人の記者は、被害者と家族の心の傷を思いながら、言葉少なに引き揚げた。取材者として、被害者や家族への想像力をもっと持たなければ、とぼくは心に誓ったものだ。

視聴者の「知りたい」という要求に応えるべく、取材対象に肉薄したい記者。でも、それが被害者を傷つけることにもなる。かといって、取材を遠慮してばかりいては、国民の「知る権利」に奉仕しているとは言えない。そのバランスをとることのむずかしさ。取材者にとっての永遠の課題だと思う。

「奥さんが亡くなられたこと、ご存じですか？」

「もしもし。突然の電話ですみません。ＮＨＫの池上といいますが、奥さんが亡くなられたこと、ご存じですか？」

ある日の朝のこと。東京港区の住宅前の駐車場で、女性が殺されているのが見つかった。中学生の息子と二人暮らしだったが、朝、母親が家にいないことに気づいた息子が外に出て、母親の遺体を発見した。警視庁捜査一課の出動だ。

この女性の夫は別居していた。この夫の自宅の電話番号を知ることができたぼくは、さっそく電話をかけた。

電話に出てきた男性に対して、ぼくは最初、「奥さんが殺されたこと、ご存じですか？」と聞こうとしたのだが、とっさに「奥さんが亡くなられたこと、ご存じですか？」と言い換えた。

「殺されたこと」と言ってしまうと、この男性に、「奥さんが殺された」と教えることになる。それはショックだろうし、予断を与えることになるかも知れない。また、「奥さんが亡くなられたこと、ご存じですか？」という言い方にしておいて、この人がどんな反応を示すかを確認したほうがいい、と考えたからだ。

ぼくの質問に、電話の向こうの男性は、「えっ、ウソでしょう！」と叫ぶ。「ウソでしょう、ウソでしょう」を繰り返す。

ぼくは、「やっぱり突然のことで驚いているのだなあ」と思いながら、奥さんのことについて話を聞いた。その上で、「奥さんが亡くなられたことは事実ですから、担当している三田警察署に連絡をとったほうがいいですよ」と言って電話を切った。

「その反応はおかしいぞ」

この電話でのやりとりを先輩記者に報告すると、その先輩記者は、「男性の反応はおかしい」と言い出すではないか。

「だって、考えてみろ。もし突然、ＮＨＫの記者から電話がかかってきて、奥さんが亡くなった、と言われたら、お前どうする。

えっ、どこでですか？　交通事故ですか？　と、場所と死亡の原因を知ろうとするだろう。それなのに、この男性は、ウソでしょう、ウソでしょう、としか言わなかったんだろう。これは、普通の人の反応じゃない。この男性、妻がどこでどう亡くなったか知ってるんだ」

ぼくは、先輩記者の言葉に感心してしまった。言われてみたら、その通りだ。人間の心理は、そういうものだろう。「どこでですか？　交通事故ですか？」と聞かなかったのは、妻がどこでどのように死んだか、よく知っていたからだろう。電話をかけてきたＮＨＫ記者に聞く必要がなかったのだ。

ぼくから「警察に連絡したほうがいいですよ」と勧められたこの男性は、警察に連絡し、警視庁捜査一課の捜査員から取り調べを受けた。はじめは事件について「知らない」と言い張っていたが、やがて、殺人を認めた。深夜にこっそり妻の家を訪ね、寝ている息子に気づかれないように家の前の駐車場に呼び出して話をしているうちに、かっとなって殺してしまったのだった。

この男性は、「いずれ妻の死体が見つかったら、警察から連絡が来るだろう」と考えて、警視庁の捜査員にどんな言い方をすればいいか考えていたのかも知れない。それが、警察より先に「ＮＨＫの記者」から電話がかかってきて、慌てたのだろうか。警察より先にぼくが連絡をとったので、男性から思わぬ反応を引き出すことができたのかも知れない。

この事件では、容疑者に最初に電話をかけたのがぼくだったので、容疑者逮捕の後、警視庁捜査一課の捜査員から事情を聞かれる、ということになってしまった。ふだん取材する側が、聞かれる立場になってしまったのだ。

第六章
「人が死ぬと池上が顔を出す」
——現場リポートの意味

日本海中部地震による津波で転覆したり、防波堤に乗り上げた漁船

「遊軍」記者になった

ＮＨＫも新聞社も、社会部には「遊軍」と呼ばれる記者グループがいる。特定の記者クラブに所属することなく、自由に取材をすることで、官公庁の発表に頼らない独自のニュースを発掘していこうというものだ。

警視庁記者クラブでの生活は二年間で終わり、次のぼくの職場は、この「遊軍」だった。

遊軍は、取材分野別にいくつもの班に分かれている。ぼくが所属したのは、「気象・生活班」だった。この班は、主に気象災害を取材する記者と、主に消費生活問題を取材する記者に分かれていた。ぼくは、「主に消費生活問題を取材する記者」だった。いつもは消費者団体を回って、消費者をめぐるさまざまな話題を発掘してニュースにする。しかし、いったん災害が発生すると、その現場に行って取材・リポートする、という役回りだった。

いつもは消費者団体を取材していたので、主婦連合会や消費科学連合会、日本消費者連盟、日本消費者協会、全国消費者団体連絡会、国民生活センター、生活協同組合などの人たちと知り合えた。

食の安全性について、悪徳商法の手口について等々、取材範囲は広く、常に勉強する必要のあるテーマばかりだった。こういうテーマは、どこかの組織が「こういう問題がありま す」と発表することもあるが、大抵は、自分なりの視点で発掘するしかない。「自分のテーマ」を見つけて、それを深く掘り下げると共に、継続的に追いかけていくことの大切さを痛感した。消費者団体と、その団体を取材する記者たちは勉強会を作っていて、ぼくはいまもそのメンバーだ。

ふだんはこういう仕事をしていて、テレビの画面に顔を出すのは、災害が発生したときだけ。災害が起きると、現場から中継リポートをするということを繰り返していたので、大学時代の同級生に、「お前は、人が死ぬと画面に出てくるなあ」と言われたものだ。

日本海でも津波は発生する

一九八三年五月二六日の正午頃、日本海中部地震が発生した。秋田市沖北西約一〇〇キロ、深さ一四キロを震源とするマグニチュード七・七の大地震だった。震源地が日本海中部だったので、この名前がついた。

青森県から秋田県、新潟県など日本海沿岸に大津波が襲いかかった。この地震による死者は全体で一〇四人だったが、このうち実に一〇〇人までが、津波による犠牲者だった。

それまで長らく「日本海では地震が起きても津波は発生しない」と漠然と考えている人たちが多かった。それが何の根拠もないことを示す地震だった。

地震の被害は、特に秋田県がひどかった。こうした大きな被害のときには、現地の放送局に、社会部記者と映像取材部（報道カメラマンが所属する部）のカメラマン、それに報道番組のディレクターが応援に駆けつける。

ぼくは、ほかの社会部記者やカメラマン、ディレクターと共に、秋田放送局に応援に駆けつけた。いったん秋田放送局に着いて打合せをした後、男鹿半島の加茂青砂海岸に向かった。ここでは、たまたま遠足に来ていた小学生たちが海岸で遊んでいて、津波に呑まれた。一三人が亡くなるという大惨事になっていた。

現地に着いたのは、もうすっかり暗くなってから。一階に現地対策本部が置かれた旅館の二階に、NHKの前線本部を設営した。

現地の様子を取材して原稿を送った後は、今後の取材体制を整えなければならない。社会部から行ったぼくが、その責任者の役割を担うことになった。これから何を取材するのか、それを考える。津波が押し寄せてきたとき、子どもたちは何をしていたのか。波にさらわれたけれど助かった子どもたちは、何を証言するのか。取材計画を立て、朝、昼、夜のニュースに何を送るか。緊急特集番組に、現地からどんな内容を送り届けることができるか。一応の取材・出稿計画を立てておく。

大事件が発生したときは、大勢のスタッフが現地に駆けつける。それぞれのスタッフをいくつかのグループに分け、何を取材し、何をリポートするか、どんな番組を作るか、あらかじめ計画を立てておく必要がある。そうでないと、別のスタッフが同じテーマを追いかけてしまったり、その一方で、必要な取材が抜け落ちたりする可能性もあるからだ。

ただ、あまりにしっかりとした取材計画を立ててしまうと、今度は硬直化する恐れもある。おおまかな計画を立てて取材を進めるが、臨機応変に変更する必要もある。

ぼくは、翌朝と昼用のニュース原稿を書くと共に、中継リポートを担当することになった。


「さむーい、朝です」


「さむーい、朝です。海を楽しみにしていた山の子どもたちが津波に呑まれた、秋田県男鹿半島の加茂青砂海岸です」

翌朝のニュースで、ぼくはこういう言い回しで中継リポートを始めた。五月にしては肌寒い朝だった。それにも増して、子どもたちが一度に波に呑まれるという悲劇に、心が寒くなる思いだった。そんな気持ちを込めて、「さむーい、朝です」という表現にした。「寒い朝です」と言うのではなく、「さむーい」と長く伸ばした。これが、ぼくの気持ちを込めたリポートだった。

波に呑まれた子どもたちの捜索は、前夜は日没と共に打ち切られていたが、翌朝から再開された。まもなく、変わり果てた姿の子どもたちが、次々に収容されていく。

被害にあったのは、秋田県の山間部にある合川町（現在の北秋田市）の町立合川南小学校の四〜五年生たちだった。被害のニュースを知って、合川町の消防団の人たちも海岸に駆けつけた。遺体の収容作業は、この消防団員たちが中心になった。

普通、こうして収容された遺体は、いったん安置所に置かれ、警察による検視が行われた後、家族が呼ばれて身元を確認するという手順になる。

しかし、収容作業に当たっているのは、地元の消防団。海から引き揚げられた子どもの顔を見た途端、「これは、〇〇さんのうちの子だ」と身元が確認できる。海岸で作業を見守っていた両親が、すぐに呼ばれる。

海から引き揚げられたばかりで、まだ海水に濡れた髪の毛がべっとりと額にはりついている子どもの姿に、母親はわっと泣き出してすがりつく。そこに警察官がやってきて、「あちらに遺体を安置しますから」と説明して、遺体を運んでいく。母親は、泣きながら、一緒についていく。

ところが、父親はついて行かない。ついて行かずに、海岸の防風林のほうに歩いていくではないか。「どうしたんだろう」とぼくは不思議に思い、そっと父親の後をついて行った。すると父親は、周囲に人の姿が見えない防風林の中で海岸に背を向けて立っている。後姿を見ると、肩が小刻みに揺れている。声を殺して泣いているのだ。自分が泣いているのを誰にも悟られないように。

父親というのは、なんと悲しい存在なのだろう。悲しいだろうに。大声で泣きたいだろうに。みんなの前では、それができない。離れた場所で、こっそり声を殺して泣くなんて。

この姿を見ていたぼくも、いつしか涙が出ていた。同じ年頃の子どもを持つ父親として、ぼくは、目の前の父親の気持ちが痛いようにわかったからだ。

こんな行動をとるのは、ひとりだけではなかった。ほかの父親も、まったく同じ行動をとる。でも、周囲の誰も、それに気づかない。気づいたのはぼくだけだった。

大地震が起きると、津波が起きる恐れがある。大地震が起きるたび、ぼくは、濡れた髪の子どもの顔と、海岸に背を向けて泣いていた父親たちの姿が目に浮かぶ。やがて二〇一一年三月、東北地方では太平洋沿岸に大津波が押し寄せ、とてつもない被害が起きてしまうのだが。

放送は人の命を助けることもできる

日本海中部地震では、津波によって大勢の命が奪われたことばかりがニュースになったが、実は、あやうく命が助かった人たちも多かった。

このときＮＨＫは、気象庁が出した「大津波警報」をいち早く伝えた。こういうときＮＨＫは、総合テレビも教育テレビも、ラジオの第一放送も第二放送もＦＭ放送も、そして衛星放送も、すべて通常の番組を中断して、津波警報を伝えることになっている。このときはまだ衛星放送が始まっていなかったが、ＮＨＫのすべてのチャンネルで、大津波警報を伝えた。

この日、ＮＨＫのラジオで大津波警報が出ていることを知った人の中には、海岸で遊んでいる人たちに対して、「津波が来るからすぐに海から逃げて」と呼びかけた人もいた。この声を聞いて海岸から上がった途端に津波が押し寄せ、タッチの差で命拾いした人たちもいたのだ。

放送は、人の命を助けることができるのだ。

新聞や雑誌など、マスコミにはさまざまな役割があるが、地震が起きて津波が発生したとき、いち早く人々に知らせることができるのは、放送だ。放送人は、そのことを、決して忘れてはいけない。「はじめに」で書いたように、二〇二四年一月一日の能登半島地震では、女性アナウンサーが一人でも多くの命を救おうと絶叫している。

日本海中部地震が起きたとき、NHK秋田放送局と、地元の民放ラジオ局が、どんな放送を出したか、地震の後、東京大学新聞研究所（当時の組織。現在は東京大学大学院情報学環・学際情報学府）が、収録されたテープをもとに検証した。

それによると、NHK秋田放送局のラジオでは、通常の番組をすべて中止して、秋田放送局のアナウンサーが、情報を伝え続けている。情報を伝える合間には、「ご近所に、一人暮らしのお年寄りはいませんか？　この人たちは、地震の被害を受けていないでしょうか。どうぞ、ご近所同士で声をかけ合って、確かめてください」と呼びかけている。

NHKのスタジオには、大地震の際、視聴者に呼びかける文章のマニュアルが備えてある。だが、ここまでの文章にはなっていない。秋田放送局のアナウンサーが、とっさに自分のアドリブで、こうした呼びかけをしていたのだ。ぼくも、加茂青砂海岸に行く途中の車のラジオで、この呼びかけを聞いている。

これに対して、民放ラジオは、予定通り音楽番組を放送していた。音楽の合間に、アナウンサーが、「ただいま日本海沿岸には大津波警報が出ています」と、まるで「大雨注意報」でも出ているような軽いタッチの言い方をするだけで、再び音楽に戻っている。せっかくの放送の機能が、ちっとも生かされていなかった。

日ごろから、災害の際にどういう行動をとればいいか考えているかどうかで、こうも違いが出るものなのか。

放送は、人の命を助けることができるメディアなのに。

「いまのお気持ちは?」と聞いてはいけない

災害など、犠牲者が出たケースの取材で、決して使ってはいけない言葉がある。遺族に対する、「いまのお気持ちは?」という問いかけである。

そんな質問をしようものなら、「バカなことを聞くな」という罵声が返ってくることだろう。怒らなくても、そっと顔をそむけるかも知れない。

悲しいに決まっている。それを敢えて聞くのは、遺族の「悲しみの声」をビデオに収録したいからだ。遺族がわっと泣き出す「悲しみのシーン」を撮影したいからだ。そんな報道陣の真意を、相手はお見通しだ。遺族へのインタビュー取材のビデオ映像の中に、よくそんな質問が入っている。これには視聴者も腹を立てる。

でも、そうは言っても、報道陣としては、遺族の様子も伝えたい。どうするか。

相手の側に立つことだ。「いまのお気持ちは?」などと無神経な質問を発するのではなく、たとえば、「どなたの行方がわからないのですか?」などと、相手の立場・気持ちを思いやる質問を、そっと声にしてみるのだ。それも、相手の顔を覗き込むのではなく、相手と同じ方向に視線を合わせながら。

あるいは、「どんなお子さんでしたか?」という取材の質問にする方法もあるだろう。

そうすれば、相手は、行方不明になっている自分の家族のことを話し出してくれるかも知れない。もちろん、相手が嫌がったら、そこで引き下がるべきだ。

「いまのお気持ちは?」というインタビューは、無理やり「お涙ちょうだい」のシーンを作りあげようという伝え手の作為が見えてしまう。そうではなく、記者が相手のことを思いやりながら取材をしている、というシーンの撮影に限定すべきなのだ。


「日本航空機が、レーダーから姿を消しました」


「羽田空港から大阪空港に向かっていた日本航空123便のジャンボジェット機が、レーダーから姿を消しました」

ぼくが書いた原稿だ。これが放送されたとき、日本中が凍りついた。

羽田沖の日航機墜落事故から三年後の一九八五年八月一二日のことだった。

このとき、ぼくは文部省(現在の文部科学省)の担当になっていた。ふだんは文部省の記者クラブにいるのだが、この日は、教育問題について、夜九時からの「ニュースセンター9時」でリポートするため、NHK社会部の部屋にいた。すでに夜七時のニュースが始まっていた。社会部でニュースを見ていると、羽田空港にいたNHKの記者から、「羽田発大阪行きの日本航空のジャンボジェット機がレーダーから消えた」という一報が入った。NHKと時事通信社の記者だけがつかんだ情報だった。

「おーい、誰か、この一報を原稿にしろ」

デスクの声を受けて、たまたま近くにいたぼくが、原稿用紙を引き寄せ、震えながら、この文章を書いた。ぼくが書いた原稿を、横で待っていたスタッフが奪い取り、テレビスタジオに駆け込んだ。七時のニュースがそろそろ終わる時間だったからだ。

テレビを見ていると、画面の松平定知アナウンサーに、横から原稿が手渡される。それまでにこやかだった松平アナウンサーの顔が引き締まり、「ここで、いま入ったニュースです」と、原稿を読み上げる。

さあ、大変なことになった。ジャンボジェット機が姿を消した。ジャンボジェット機ということは、五〇〇人以上もの人が乗っている。八月一二日といえば、夏休みの真最中。お盆で里帰りの家族連れが大勢乗っているはずだ。ニュースセンターは大騒ぎになった。いったんは七時半から予定通りの番組が始まったが、まもなく中断。「ジャンボジェット機行方不明」の臨時特設ニュースが始まった。長い、長い夜の始まりだった。

「ニュースセンターからお伝えします」

特設ニュースは、そのまま「ニュースセンター9時」になだれ込んだ。キャスターは木村太郎さんだった。木村さんは外信部記者としてレバノン内戦を取材したりしてきたベテラン記者だ。

木村キャスターが、スタジオで行方不明機のニュースを伝えた後、「新しい情報をニュースセンターから伝えてもらいます」と言うと、ぼくがニュースセンターから最新情報を伝える、という繰り返しが続く。

そのうちに、日本航空から乗客名簿の発表があった。行方不明機の目的地である大阪空港(伊丹空港)で、大阪放送局のアナウンサーが乗客名簿を読み上げる。乗員乗客五二四人も乗っていたのだから、読み上げには時間がかかる。その途中、大阪空港で日本航空の記者会見が始まった。

アナウンサーが、「記者会見が始まります。ここで、いったん記者会見の様子をお伝えしましょう」と言って、乗客名簿の読み上げを中断しようとした。すると、東京のスタジオの木村キャスターがそれを遮って、「いや、乗客名簿の読み上げを続けてください。知りたい人が大勢いるはずです」と言い切った。とっさの判断力に、ぼくは舌を巻く思いだった。

記者会見が始まると聞けば、それを伝えたくなるのは人情だ。この飛行機に知り合いが乗っている可能性がない人も、記者会見を見たいだろう。でも、知り合い、とりわけ肉親が乗っている可能性がある家族にとっては、乗客名簿こそ一刻も早く確認したい情報だ。放送中、瞬時にこの判断ができる。これぞ本当のキャスターだと思った。

墜落現場がはっきりしない

やがて、日航機が積んでいる燃料が切れる時間になった。依然として行方はわからない。墜落は間違いない。が、墜落現場がはっきりしない。レーダーによると、長野県、群馬県、埼玉県の県境付近で機影が消えたというのだが、この付近は険しい山が入り組んでいて人家もなく、情報が入らない。

そのうちに、長野県内の住民から、「飛行機が飛んでいくのを見た」とか「山の向こうで火柱が上がるのが見えた」とかいう情報が警察に断片的に入ってくる。しかし、正確な地点はつかめない。

東京のNHKからは、とりあえず長野県と群馬県の県境付近を目ざして中継車が出発した。記者やカメラマンも、次々に送り込まれる。

墜落地点については、その後も情報が錯綜し、二転三転する。長野県の佐久市、南相木村、北相木村、群馬県南牧村などの地名が次々に登場する。結局、群馬県上野村の山林であった

山中に墜落した日航ジャンボ機は主翼を残すのみだった

ことが確認されたのは、翌朝、長野県警察本部のヘリコプターが墜落現場の上空に到着してからのことだった。

生存者がいた！

この事故では、乗員乗客五二四人のうち五二〇人が死亡した。亡くなった人の中には、歌手の坂本九さん、阪神タイガース球団社長の中埜《なかの》肇《はじむ》さんも含まれていた。

翌朝から、警察官や消防団、自衛隊員による救出活動が始まった。昼前、「墜落現場で生存者発見」の速報が入る。機体は山中に激突したのだから、全員が死亡したのではないかと多くの人が考えていた。ところが、四人が奇跡的に生きていたという。この速報に、ニュースセンター中がどよめいた。大きな悲劇の中にも、小さな安堵があったのだ。

甲子園で開かれていた全国高校野球大会でも、電光掲示板に「生存者確認」の速報が流され、大観衆からどよめきと拍手が沸き起こったという。

生存者発見の速報に続いて、ニュースセンターの中のテレビを見ていると、なんとフジテレビが、見つかった女の子が担架に乗せられている映像を現場から中継しているではないか。現場からの記者リポートは、文章にもなっていなかったが、映像は雄弁だった。

なんでフジテレビだけが、こんなことができたのだ。驚きと悔しさ。実はフジテレビの技術クルーだけが、地上から上空のヘリコプターに向けて中継電波を送ることができる小型の機械を持ち込んでいたのだった。いまでは当たり前の装備だが、当時、NHKを含めほかのテレビ局には、この発想がなかった。

ぼくは、NHKの記者としてはフジテレビにしてやられたことが悔しいものの、生存者がいて、その映像がリアルタイムで見られることには感動していた。これがテレビの威力なのだ。

その後、生存者のうち、中学生の川上慶子さんが、自衛隊のヘリコプターによって現場から吊り上げられる映像も流れた。他社の放送ながら、「こんな奇跡もあるんだ」と、テレビ画面に釘付けになった。

実は、NHKの取材クルーも現地でこの映像を撮影していた。映像を瞬時に送る装置を持って行かなかったために中継ができなかったのだ。夕方になって、険しい山を降りてきたクルーがやっとNHKの中継車にたどりつき、映像が送られてきた。NHKも夕方のニュースで、川上慶子さんが自衛隊の隊員に抱き抱えられて無事収容される映像を放送できた。この映像が流れると、ニュースセンター中が静まり返った。

現場では、機体の墜落場所がはっきりしないまま、とりあえず山中に入る、という状態だったという。NHKは記者とカメラマンのコンビの三クルーが、それぞれ山の中に分け入り、現場を目ざした。しかし、そのうち二クルーは、断崖絶壁に阻まれたりして現場に到達できなかった。

「やっと山の頂上に出ると、深い谷の向こうにそびえる山の尾根に機体があるんだ。とてもたどり着けない。そのときの絶望感」

「生い茂る草をかき分けて進んでいたら、突然、まるで垂直に切り立っているような山の斜面にぶち当たった。登山の準備もなく、そこであきらめた」

現場にたどり着けなかったスタッフの悔しさ。その後じっくり聞くことになった。

しかし、一クルーだけは到着できた。フジテレビが生中継しているとき、NHKのクルーも現場にいて、映像に収めていたのである。

自衛隊のヘリで救出される川上慶子さん

ちなみに、山に入った三クルーは、いずれも、日航機行方不明の一報と共に前夜局を飛び出したスタッフだから、スーツに革靴姿のまま。全員、泥だらけ、スーツはボロボロという有様だった。後で聞くと、ほかの新聞社、テレビ局も大同小異。いくつものクルーを送り出したが、たどりついたのはごくわずかだったという。中にはいつまでも取材陣が戻らず、遭難騒ぎに発展しかかった新聞社もあった。

乗客が遺書を書いていた

当時のぼくは文部省担当。事故の翌日の夕方には文部省に戻り、教育問題の取材を再開したが、心ここにあらず。自分で志願して、上野村に行くことにした。

事故から三日後。墜落現場ではなく、上野村にできた現地対策本部に詰めて、ニュース原稿を書いたり、記者リポートをしたり、という仕事を担当した。

深夜まで仕事をして、近くの旅館で仮眠をとると、翌朝、日の出と共に遺体収容に向かうヘリコプターの大音響に起こされる。上野村の残暑は、ことのほか体に堪えた。

事故は、機体後部にある「圧力隔壁」と呼ばれる壁が飛行中に壊れたことが原因だった。気圧の低い上空で壁がなくなったため、客室の空気が一気に噴き出し、垂直尾翼が破壊された。このため、機体は操縦不能となる。伊豆半島上空を飛行中だった「日航１２３便」は、コントロール不能の状態となって航路を大きくはずれ、群馬県の山中に墜落した。その間、約三〇分にわたって飛行機は前後左右に激しく揺れ続け、急下降、急上昇を繰り返していた。

機内の乗客は、最後まで死の恐怖を味わったはずだ。乗客のひとりで、大阪商船三井船舶神戸支店長の河口博次さん（五二）は、里帰りしていた神奈川県藤沢市の自宅から、単身赴任中の神戸に戻る途中で、この事故に遭遇した。

河口さんは、墜落直前の揺れる機内で、持っていた手帳に遺書を書いていた。妻が遺体の胸ポケットにある手帳を見つけ、これがわかった。遺書の内容を、ＮＨＫの記者が独自に入手し、放送した。上野村の現地対策本部でＮＨＫの夜七時のニュースを見ていると、この全文をアナウンサーが読み上げた。ここに、その全文を再録する。

遺書は、三人の子どもたちへの呼びかけで始まっている。津慶《つよし》は長男の名前だ。（の）は欠落したと考えられるので追加した。

マリコ　津慶　知代子　どうか仲良くがんばってママをたすけて下さい　パパは本当に残念だ　きっと助かるまい　原因は分らない　今5分たった　もう飛行機には乗りたくない　どうか神様たすけてください　きのうみんなと食事したのは最后とは　何か機内で爆発したような形で煙が出て降下しだした　どこえどうなるのか　津慶しっかりした

（の）んだぞ　ママ　こんな事になるとは残念だ　さようなら　子供達の事をよろしくたのむ　今6時半だ　飛行機はまわりながら急速に降下中だ　本当に今迄は幸せな人生だったと感謝している

ニュースを見ていた各社の記者は、誰も声一つ立てなかった。全文が読み上げられると、そっと涙をぬぐう者もいた。

悲劇なのに感動する。そんなことが、あるものなのだ。もし自分がこの人のような立場に置かれたら、どんな遺書を書くことができるのか。この遺書を読んだ誰もが自問したことだろう。

「観光のための噴火ではありません」

画面いっぱいに広がる真っ赤な溶岩。巨大な火柱になって吹き上がっている。この様子を現地でリポートしたNHKの記者は、「これは、もう、観光のための噴火ではありません」と叫んでいた。

一九八六年一一月二一日。伊豆大島の三原山が大規模噴火を起こした。三原山の噴火は、古くから「御《ご》神火《じんか》」と呼ばれ、観光名物として知られていた。この年も一一月一五日に一二

激しく火柱をあげる三原山

年ぶりに噴火し、山頂から活発な噴火が続いていた。

三原山はカルデラ構造だ。外輪山の中に平原が広がり、その中心部に内輪山の火口がある。伊豆大島は全体が火山だ。そのうち海上に顔を出している部分が伊豆大島と呼ばれ、中でも活発な火山活動が続く頂上付近が三原山と呼ばれている。

内輪山では十数年に一回のペースで小規模な噴火が起きる。外輪山までは距離があるので、外輪山に留まる限り、美しい噴火の様子を安心して見ていられる。噴火を見る観光客が島外から訪れるため、島の観光業者は、内心噴火を心待ちにしているところがあった。

このときにも、噴火を見るため大勢の観光客が伊豆大島を訪れ、地元は、「観光のための噴火」を歓迎していた。

全島民１万人に対して大島からの避難指示が出され、前代未聞の大脱出作戦が実施された

ところが、噴火の勢いが一向におさまらないどころか、火口での噴火開始から六日後、巨大噴火に発展したのである。

午後四時一五分。突然、内輪山と外輪山の間のカルデラに亀裂が走り、真っ赤な溶岩が高さ二〇〇メートル近くに噴き上がった。外輪山で噴火の様子を見ていた観光客の目前で巨大な火柱が上がったのだ。噴煙は高さ一万六〇〇〇メートルにまで達した。

この様子を、外輪山で中継したNHK社会部の記者は、「観光のための噴火ではありません」と描写したのだ。地元の人たちの心情を理解した上で危険性を伝えるリポートだった。

噴き出した溶岩は、外輪山を越え、島の中心部である元町方向に向かって流れ出した。溶岩が外輪山を越えてあふれ出したのは、実に二〇九年ぶりのこと。午後六時になると、外輪山の外側に一一もの噴火口ができた。割れ目から溶岩が噴出する「割れ目噴火」だ。

その夜、全島民に避難指示が出された。前代未聞の一万人島民の全員避難が始まったのだ。海上保安庁、海上自衛隊、東海汽船、地元の漁船などを使って島民と観光客は避難した。一三時間がかかったが、翌朝までに、大きな混乱もなく大避難作戦は終了した。

水蒸気爆発と食べ物と野犬を心配しながら

このときぼくは、教育問題の取材で神戸に出張中だったが、ホテルにチェックインした直後に、この大噴火を知り、直ちに東京に戻った。そして、大島へ。全島民は避難したけれど、報道陣は逆に島に向かった。島の様子を伝えるためだ。

大島へ行く定期飛行便は運休しているから、島にヘリコプターで渡った。島内のどこへ行っても、人影がまったくないという異常な光景が広がっていた。

町役場は元町にある。ぼくも、ここの取材本部に詰めた。もし地下からマグマが上昇してくる道が少し海岸寄りになった場合、マグマと海水が触れ合って、海水が一瞬のうちに水蒸気になる「水蒸気爆発」の危険性があると専門家が指摘していた。その爆発の危険のある場所は、元町だというのだ。いつ自分の足下で大爆発が起きるかも知れない。島にいる間中、この不安に苛まれることになった。

島の報道陣にとって、最大の問題は食事だった。島民が避難しているから飲食店も旅館も開いていない。かといって、自炊する場所も時間もない。結局、各社とも、伊豆半島の下田で弁当を作ってもらい、高速艇で元町港まで運ぶ、ということになった。

しかし、取材が長期化すると、それも大変だ。NHKは小さな漁船をチャーターし、元町港に停泊させて、船内で食事を作ってもらうことにした。揺れる船底で食事をすると、船酔いのような状態になったものだ。

このときある民放局は、大型クルーズ船をチャーターして港に停泊させた。「さすが東京弁当サービスだ」と各社の記者が羨んだものだった（東京弁当サービスの頭文字のローマ字をつなげると、ある民放の社名になる。大事件のとき、いつも現場の記者に豪華な弁当を届けることで知られている）。

食事に困ったのは人間たちだけではない。島民が避難するとき、ペットの同伴は認められなかったため、島民が置いていった飼い犬が野犬化。町をうろつくようになった。食べ物もなく飢えている。島内を歩いていると、この犬たちが寄ってくる。身の危険を感じる瞬間が何度もあった。

その後、噴火は次第におさまり、東京都内などに避難していた島民は、一二月になって順次帰島できるようになった。避難から一か月たった一二月二四日までには、全島民の復帰が終わった。

釣り船が潜水艦と衝突した

遊軍記者は、土曜日、日曜日も交代で社会部の部屋に詰めている。休日のニュース用に、催物を取材したりする。しかし、本当の目的は大事件・大事故が発生したときの対応だ。

一九八八年七月二三日。夏の土曜日。とりたてて大きなニュースがないまま、夕方になった。社会部内に「きょうは早く帰れそうだな」という気分が広がり出したころ、横浜放送局から一報が飛び込んだ。

「東京湾で、海上自衛隊の潜水艦と釣船が衝突し、釣船が沈没した」という。

さあ、社会部員のポケットベルを一斉に鳴らす。当時、社会部には、コンピューターを使い、社会部員全員のポケットベルに「緊急事態発生。全員、社会部に問い合わせをせず至急集結」という暗号の数字を送るシステムがあった。これを発動した。「問い合わせをせず」と決めているのは、各部員が社会部に次々に問い合わせをすると、本来の取材をしなければならない社会部員が対応に追われてしまうからだ。

社会部にいた遊軍記者の一部は、直ちに現場に駆けつける。当時、家族と東京ディズニーランドにいた記者は、家族の恨みの目を尻目に社会部に電話することなくNHKに向かったという。ぼくは、ニュースセンターから臨時ニュースを伝える役目となった。またも長い夜が始まった。

この事故は、神奈川県横須賀市沖の東京湾で、海上自衛隊の潜水艦「なだしお」と、遊漁船「第一富士丸」が衝突したもの。「第一富士丸」が沈没し、乗員・乗客四八人のうち三〇人が死亡した。

横浜放送局から、第三管区海上保安本部や横須賀海上保安部、神奈川県警察本部の情報を元にした原稿が次々に入ってくる。東京では、防衛庁や運輸省（現在の国土交通省。海上保安庁を管轄）、さらには総理官邸からの情報が届けられる。これを、次々に読み上げていく。

途中で、スポーツ新聞の釣りのページの広告欄に、「第一富士丸」による漁のツアーが出ているのを同僚記者が見つけて持ってきた。第一報が「釣船」という表現だったので、何となく小さな舟をイメージしていたが、写真を見ると、大きな遊漁船だ。ぼくは、この広告欄をテレビに示しながら、「釣船」と言われていますが、この写真を見ると、かなり大きい船であることがわかります、などとアドリブのリポートを続けた。

さらには、行方不明になっている人の名簿が入ってくる。漢字で書いてある名前を、次々に読み上げていく。中には、読み方がわからないものもある。一瞬言葉に詰まるが、気を取り直して、「なんとお読みするのでしょうか……」などと言いながら、字の説明をする。

「火事場の馬鹿力」という言葉がある。こういう緊急速報のニュース原稿を読む破目になるたびに、ぼくはこの言葉を思い出す。極度の緊張を強いられながら原稿を読むと、どんなに汚い字であっても、スラスラと読めてしまうのだ。放送が終わって改めて読み返そうとすると、途端に読めなくなる、ということがよくあった。

横須賀から伊豆に転進した

事故からしばらく経って、第一富士丸が海底から引き揚げられることになった。今度は横須賀の港に出かけ、そこから中継した。中継が終わると、社会部から電話がかかった。

「伊豆半島の東方沖を震源とする群発地震が相次いでいるんだ。いつ大きな地震があるかも知れないので、誰かが早く現場に入らなければいけないんだが……」

「はい、はい。わかりましたよ。今度は伊豆に行きますよ」と、ぼく。

伊豆半島は、もともとフィリピン海プレートに載って、遥か南の海からやってきた島が日本列島に衝突してつながったもの。

地下深い場所で、フィリピン海プレートが、日本列島を載せているユーラシアプレートにぶつかり、地下に沈み込んでいる。プレートが沈み込む境界付近では、頻繁に地震が発生する。また、プレートの衝突によって地下からマグマが上昇し、火山活動も活発になっている。伊豆半島付近では、大規模な地震による被害がしばしば出ている。

伊豆半島東方沖を震源とする地震の場合は、地下からマグマが上昇してきて地表を揺り動かすために地震が発生する。もしマグマが地上に出てくれば、火山の噴火になる。それが伊東市のような都市部だったら、大惨事になる恐れがある。

伊豆半島の伊東は観光地。地震が頻発すると、観光客の出足に響く。ＮＨＫが中継車を出すと、「大地震が来るらしい」などという噂になる恐れがある。なぜか「実はＮＨＫは知っていて隠しているらしい」などという根拠のないデマがしばしば起きるからだ。知っていることがあれば放送するのに。知らないから困っているのに。

ＮＨＫの中継車がパニックの原因になっては困るので、市の中心部から少しはずれた、目立たない場所にある古い旅館を前線本部にして、中継車をひっそりと停めた。

この古い旅館が、なんと木造三階建。その三階に泊まったものだから、深夜に震度三や震度四の地震があると、まあ、その揺れること、揺れること。

そのたびにカメラマンは飛び起きて、すかさずカメラを回す。ぼくは部屋の電気をつける。天井から下がる電灯の揺れる様子をカメラに収める。東京の社会部に電話して、「大きく揺れています」と速報する。毎日が睡眠不足だった。

結局、この年は、大きな地震にはならず、やがて終息し、ぼくは東京に引き揚げた。温泉にゆっくりつかる暇などあるわけがなかった。伊東市の東の沖の海底で火山が噴火するのは、次の年の七月のことだった。

記者リポートの方法を考えた

「人が死ぬと池上が顔を出す」と言われるように、大きな事件・災害が起きるたびに、ぼくはその現場に行った。

集中豪雨で川が氾濫し、流される人。川が増水したので川の近くから山へ逃げたところで、山崩れにあった人。こんな悲劇ばかりを取材していると、日本列島という自然の中で生きていくことの大変さを痛感する。

現場で見る被害者の遺体の数々。遺族の悲しみ。そのたびに、「なんでこんなことに」とつぶやきながら感じる無常観。次第に達観していく自分の精神状態に気づいたこともある。

こんなリポートを繰り返しながらも、ぼくは、「どんなリポートをすれば、視聴者に届くのだろうか」と考えるようになっていた。現場リポートは、なぜするのか。正確にわかりやすく伝えるのだったら、しゃべりの訓練を積んだアナウンサーが、スタジオで落ち着いてニュース原稿を読んだほうがいいはずだ。にもかかわらず、現場から伝えるというのは、現場にいないとわからない「何か」を伝えるためだろう。その場の「雰囲気」でもいい、暑さ・寒さ・臭いでもいい。「何か」を伝えられないのだったら、現場リポートの意味はない。ぼくは、そんなことを考えるようになった。

たとえば、スタジオのキャスターが、事件や事故の概要を読み上げる。その上で、「では、現場からお伝えします」と言う。現場の記者は、スタジオでキャスターが読み上げた原稿と同じ内容を、そのまま繰り返す。こんなことが、しばしばある。なんて無駄なことをしているんだろうか、とぼくは思う。画面に向かって、「現場にいるお前にしか言えない内容を伝えてみろ」と叫びたくなる。

まずは、現場にいる自分しか伝えられないものをリポートすることだ。次に大切なのは、伝える順番だ。視聴者の知りたい順番にリポートの内容を組み立てることだ。せっかく現場にいるのに、「この事件はそもそも……」と伝えたのでは、見ている人がイライラする。まずは、「いま現場はこうなっているんです」という内容から伝えるべきだ。いわば、「つかみ」を大切にするということだ。

「つかみ」というのは業界用語だが、冒頭で視聴者の心をつかんでしまうことを言う。よくハリウッド映画で、いきなり衝撃的な場面から話が始まり、見ている人が、「あれよ、あれよ」と思っているうちに、ストーリーに引き込まれていることがあるだろう。あの手法である。まずは、「つかみ」を考える。見てもらうためには、その工夫がなければいけない。

テレビカメラとどう向き合うのか

現場では、テレビカメラにどう向かい合うか、という点も工夫した。せっかく現場から自分の顔を画面に出しているのに、ひたすら手元の原稿を棒読みする人がいる。もったいないことだ。

あるいは、カメラを向いているように見えるのだが、よく見ると視線がおかしい。カメラの横に原稿を置き、それを読み上げているのがわかってしまう記者がいる。これも不自然だ。テレビの前には、視聴者がいる。視聴者を正面から見ないでリポートするのは、失礼だ。

常に視聴者を真正面から見て、視聴者の知りたい順番に、現場ならではの情報を付け加えながら伝える。これが、リポートの原則だ。

原稿を見ないでカメラを真正面から見てリポートするためには、内容を頭の中に叩き込んでおかなくてはならない。でも、原稿を丸暗記してはいけない。丸暗記していると、途中で「は」と「が」を取り違えただけでも、つっかえてしまう恐れがある。そんな丸暗記はやめて、内容を頭の中で消化しておくことだ。伝えるべき内容をしっかり理解していれば、途中で「は」と「が」とを言い間違えても、その後の文章の語尾を変化させることで、文章の意味は通じる。

内容をしっかり理解し、それを思い出しながらリポートすれば、そもそも原稿の棒読みにはならない。よくある「書き言葉」のリポートにはならない。「話し言葉」で伝えることができる。これが大事だ。ぼくは、こんなことを考えるようになった。

第七章 「教育問題」の時代

生徒により破壊され間仕切りがなくなった男子トイレ（東京・町田市立忠生中学校）

「教育荒廃」が大きなニュースになった

社会部記者の守備範囲は広い。事件・事故・災害を取材するばかりでなく、いわゆる中央省庁を担当することもある。ぼくは、社会部遊軍として消費者問題や災害担当を経験した後、今度は一転して文部省（現在の文部科学省）を担当することになった。

霞が関の文部省の中にある記者クラブに出勤して、役所の中を回りながら、教育に関するニュースを発掘して原稿を書く、という仕事になったのだ。一九八四年からの二年間だった。

このとき世の中は「教育荒廃」という言葉が飛びかい、「日本の教育はこれでいいのか」「どう改革すべきか」という議論が巻き起こっていた。教育改革論争の真只中に飛び込むことになったのである。

これより前、全国の学校で「校内暴力」の嵐が吹き荒れていた。東京の町田市では、暴力を振るう生徒を先生がナイフで刺すという、考えられない事件まで起きていた。

文部省と全国の教育委員会は、「校内暴力」の撲滅に躍起となった。「場合によっては警察力を借りてでも制圧しろ」という流れになっていた。殺伐とした学校現場。これが、「教育荒廃」という言葉を生んだ。

教育現場はまるで「もぐら叩き」だった

「校内暴力」を押さえ込む努力が行われた結果、全国的に発生件数は減り始めた。代わって増加したのが、「いじめ」だった。東京・中野区で、「いじめ」を苦にした中学生が自殺して、大きな社会問題になった。陰湿な「いじめ」が横行しているのに、教師がそれに気がついていないという現状も判明してきた。

今度は全国一斉に「いじめ」対策が進められた。教師たちには、子どもたちの日常生活に対するきめ細かい目配りが求められた。

全国の都道府県教育委員会がまとめた「いじめ」発生件数を子細に検討すると、「いじめ」対策が進んでいるところほど、「いじめ」の実態を把握でき、報告件数が多いという皮肉な結果もわかった。「いじめ」対策が進んでいないと現状把握ができていないので、「いじめ」の件数は少なく報告されるというわけだ。

こうして、「いじめ」対策が進むにつれ、いったんは「いじめ」の発生報告件数が増加したが、やがて下火になり始めた。

すると今度は、「不登校」の子の数が激増し始めた。かつては「登校拒否」という言い方をされていたが、「子どもたちは学校に行くことを拒否しているわけではない。行きたくても行けなくなるような心身の状態になってしまうことこそが問題なのだ」と考えられるようになって、「不登校」と呼ばれるようになった。

ひとつの問題を撲滅しようとすると、今度は次の問題が発生する。教育現場は、まるで「もぐら叩き」のゲームのようではないか、とぼくは思ったものだ。

学校現場、そして日本社会を覆っているさまざまなストレス。こういう根本的な問題を考えずに、表面に浮上した問題の対症療法的対策に追われているだけでは、「もぐら叩き」にしかならないのだ。

「教育」のニュースは大きく扱われた

世の中が教育問題に大きな関心を持つようになっていたので、教育に関するニュースは、大きく扱われるようになっていた。文部省関係のニュースだったら、ＮＨＫの場合、すぐに夜七時のニュースのトップ項目で扱われ、翌朝の各新聞の一面トップ記事、という状態が続いた。

教育のニュースに対する「需要」が高かったので、出稿や出演に追われることになった。

当時のぼくは、夜七時のニュース用に原稿を書いた後、「ニュースセンター9時」に出演して解説し、さらに夜一〇時からのラジオの「NHKジャーナル」にも出演する、という仕事が続いた。その合間に、教育に関するシリーズ企画を考え、朝のニュース情報番組「おはようジャーナル」で放送する、という状態だった。

同じ文部省記者クラブに所属していたある全国紙の記者は、転勤に当たって、「これまでの記者生活二〇年の間に書いたよりたくさんの一面トップ記事を、この半年で書いてしまった」と述懐したものだ。

取材対象を役割分担する

新聞社もNHKも、霞が関の中央省庁の取材は、政治部、経済部、社会部が分担している。たとえば財務省は政治部と経済部、厚生労働省は政治部と社会部というように。社会部の担当は、警視庁、警察庁、検察庁など事件関係の役所が多いが、文部省、厚生省、労働省（現在は両方が一緒になって厚生労働省）は社会部の記者も担当する。当時の文部省の場合、社会部記者が二人、政治部記者一人の計三人が、いつも記者クラブに詰めて教育問題を取材していた。

では、文部省の中を、政治部、社会部はどう役割分担したのか。文部大臣と大臣官房は政

80年代には日教組の組織率も高く、教育研究全国集会は熱気に溢れていた

治部記者が担当し、それ以外の初等中等教育局、高等教育局などすべてを社会部記者が担当することになっていた。

教育担当記者としては、文部省ばかりでなく、文部省と対立していた日教組（日本教職員組合）も取材対象だった。当時の日教組は、方針転換をめぐって分裂する前で、文部省との対決姿勢を鮮明にしていた。この日教組については、年に一回の定期大会は政治部記者が取材し、これとは別に年に一回開かれる「教育研究全国集会」（教研）は社会部が取材する、という分担になっていた。日教組は定期大会で今後の運動方針を決めるので、政治的に大きな意味を持つ。そこで政治部。「教育研究全国集会」は、学校現場の問題点や実践報告が行われるので社会部。こんな役割分担になっていた。

社会部記者は嫌われる

社会部記者は嫌われる。これが、中央省庁を取材してみてのぼくの経験だ。

たとえば文部省でいえば、政治部記者は、文部省や文部大臣、さらには自民党の議員が、これからの教育をどうしようとしているのかを取材して報道する。取材される側にすれば、自分たちの言い分をきちんと伝えてくれる、という思いがある。

これに対して社会部は、そうやって打ち出された方針が実行に移されると、学校現場にどんな影響があるかに重点を置いた取材になる。現場の教師の声、あるいは日教組の反応などを取り上げることになり、結果として批判的なトーンの原稿が出ることもある。これが、文部省幹部や自民党の議員にとっては、面白くない。「社会部はいつも批判する」という思いを持ってしまう。実際には被害者意識が強すぎるだけだと思われるケースも多いのだが、社会部の名刺を持った記者が取材に来ると、思わず身構える人も多かった。

これは、日教組にも言えることだった。ぼくと一緒に文部省・日教組を担当していた後輩の社会部記者が交代し、ぼくは新しく担当になった記者を日教組の委員長に引き合わせた。その記者が、「実は私は社会部で……」と言いながら名刺を渡すと、それまでにこやかに応対していた委員長が、出しかけていた自分の名刺を引っ込めたのである。

これには驚いた。「社会部記者は相手にせず」の態度が露骨だったからだ。この日教組の委員長は、その後、自民党の中で教育界に強い影響力を持っている議員を「励ます会」に出席したことが判明して、日教組内部から厳しい批判を浴びることになる。

中央省庁の「審議会政治」を見た

日本の中央省庁は、新しい方針を打ち出す際、「審議会」を活用する。「学識経験者」を集めて、「大臣の諮問機関」としての「審議会」を発足させる。大臣が「諮問」する（意見を求める）ことに対して「答申」する（答える）機関（組織）が、「審議会」だ。別段、審議会が意見を言ったところで、その通りに進める必要はないはずだが、「国民の代表から意見を聞きました」という形式をとって、「審議会」の答申通りに行政を進めていく。あるいは、新しい法案を用意する。これが、「審議会政治」と呼ばれるものだ。

その「審議会」の答申は、あらかじめ中央省庁が考えていた内容そのものになっている。つまり、中央省庁は、自分たちがやりたいことに「審議会のお墨付き」をもらうことで、仕事を民主的に進めているという形をとる。そのためには、審議会の委員の選定が重要だ。その分野の専門家の中から、役所の言うことを聞いてくれそうな人を選ぶ。というと語弊があ

文部省は2001年に文部科学省と名前が変わり、伝統ある庁舎も一部を残して建て替えられた

るかも知れないが、少なくとも、役所が打ち出したい方針について理解を示してくれる人を選ぶ。

その役所のOBも、「学識経験者」の枠で審議会委員に指名する。このOBを通じて、議論の流れをコントロールする。女性の委員も任命して、「バランスがとれた委員選考」という形をとる。さらにマスコミ出身者も入れて、「国民の代表の意見を取り入れています」という形式をとる。マスコミ出身者が入っていれば、その審議会が打ち出した方針について、少なくとも委員を送り込んでいる社は審議会の方針に異を唱えないだろう、という計算がそこにはある。

つまり、審議会のメンバーが決まった段階で、審議会の議論の方向もまた決まるのだ。ご多分にもれず、文部省の官僚も、今後の教育の方針を打ち出す際、必ず審議会で方針のお墨付きをもらう。文部省という中央省庁を取材することで、この手口を目の当たりにすることになった。

「族議員」に根回しをする

中央省庁の官僚は、政治家への「根回し」も大事な仕事だ。新しい方針を打ち出せば、それを法律にしなければならない。予算もつけなければならない。つまり、国会で認められなければ、自分たちの方針は実現しない。こうして、国会議員への働きかけが行われる。国会議員といっても、基本は与党議員だけだ。

自民党には、通称「族議員」と呼ばれる国会議員がいる。自民党の中には、政策を作る組織として「政務調査会」がある。この調査会には、各省庁に対応する形で、「文教委員会（現在の文部科学部会）」などの分科会がある。この分科会に所属している議員たちは、何年もこの問題に取り組んできている専門家が多い。中央省庁としては、この議員たちの了承を得ないと、新しい方針を実行することができない。そこで、何か新しい方針を打ち出すときには、事前にこの議員たちに根回しをしておく。

文部省の場合も、審議会で新しい方針にお墨付きをもらいつつ、その一方で、自民党の文教族の議員たちの了承を得る。こうして初めて、関係する法律案を国会に提出したり、予算を大蔵省（現在の財務省）に要求したりすることができる。

中央省庁を取材することで、ひとつの政策が立案され、法案となり、予算案にも盛り込まれるという、そのプロセス・仕組みを学ぶことができた。これが、その後、元号が昭和から平成に変わって担当した「週刊こどもニュース」を担当したときに役に立つことになる。

結局、東京の報道局に配属になってからは、激動の日々だった。大きな事件や災害が多発し、その取材に追われた後は、一転して政府の政策づくりのプロセスを間近で目撃することになった。そして、当時は無論知る由もないが、ぼくの一六年にわたった記者生活は終わりに近づいていた。

昭和のコンプライアンス

平成へ、そして令和と続く流れの中で、最近は「昭和ブーム」の様相を呈している。その時代を懐かしむ人たちもいれば、「信じられない！」と驚く若者もいるのが、令和の時代から見た昭和だ。

記者の取材活動では、特ダネをとるためだったら、あらゆることをするというのが常識だった。いまなら間違いなく「コンプライアンス違反」になるような行動が横行していた。事件の当事者のもとに多数の記者やカメラマン（いまは女性も増えたのでフォトグラファーと呼ぶことが増えた）が殺到することもよくあった。これは、いまでは「メディア・スクラム」と呼ばれ、少しでも解消しようという機運が高まってはいる。まだまだではあるが、SNSでの発信が増え、多くの一般の人たちが、メディアの異常な行動に気づいて批判するようになった結果、メディアの人間もそれに気づくようになってきたと言っていいだろう。

昭和の記者生活は長時間労働が当たり前。男社会そのものだった。子育てあるいは介護をしながらの記者生活など不可能だ。記者の仕事とは、極めていびつな世界だったと、いまになって思う。働き方改革によって、いまは少しずつ「ワークライフバランス」が重視されるようになった。テレビでリポートする記者でも女性の比率が高まった。二〇二四年一月の能登半島地震の現場からは、各社とも女性たちが次々にリポートした。

これにより、メディアもようやく多様な視点を持てるようになってきたのだろう。最近になってセクハラやパワハラという言葉がしきりに聞かれるようになったのは、セクハラやパワハラが昔は存在しなかったからではない。当時はハラスメントの自覚がないままハラスメントが横行していたことに気づくようになったからなのだ。

第八章

平成へ、そしてキャスターへ

――オウム真理教を子どもにどう伝えるか

地下鉄サリン事件。完全装備で営団地下鉄霞ケ関駅構内に入る消防庁の化学機動隊

平成は「テロの時代」でもあった

社会部記者として無我夢中で取材しているうちに、昭和天皇が病気に倒れるという重大事件が発生する。宮内庁担当の記者たちは宮内庁職員に対する取材が大変になるため、ぼくは記者リポート要員として皇居の中にある宮内庁に送り込まれた。毎朝、皇居の中から天皇の病状を伝えるという、これまた経験したことのない仕事が三か月も続き、世は平成に。ここからぼくのキャスター生活が始まるのだが、平成は日本国内ではオウム真理教による地下鉄サリン事件というテロ事件、海外ではアメリカ同時多発テロ事件など国の内外でテロが頻発する時代でもあった。キャスターという仕事をしながらメディアのあり方を考える生活が始まった。

マイクが故障しても「言葉」で伝えていた

スタジオでニュース原稿を読んでいると、なんだかスタジオの外が騒がしい。そのうちに、

「マイクが故障して、キャスターの声が放送されていない」という連絡が入ってきた。

さあ大変。こういうときこそ、落ち着かねば。ぼくはにこやかな笑顔を崩さないようにしながら、「ただいま、マイクの具合が悪く、私の声が放送されていません。いましばらくお待ちください」と視聴者に呼びかけた。

なんというバカなことを。マイクが故障して、ぼくの声が出ていないのだから、いくら声で呼びかけても、視聴者にわかるわけはない。テレビの前の視聴者にしてみると、「おやおや、この人、自分の声が出ていないことに気がつかないで、いつまでもしゃべっているよ」ということになる。こんなときは、とっさに手元にある紙に、「いま音声が出ていません。しばらくお待ちください」と書いて画面で見せればよかったのに。

スタジオでは、いつも使っているマイクが故障したときのために、予備マイクが置いてある。ところが、これも故障だ。慌てた技術スタッフがスタジオに飛び込んできて、別のマイクを取りつける。やっと声が放送されるようになった。ぼくは改めて、「マイクが故障して音声が出ませんでした。失礼しました」とお詫びした。

数日後、視聴者から「マイクのせいにするとはけしからん」というお叱りのハガキを受け取った。泣きたくなった。スタジオで、こんな失敗を繰り返す。なんとぼくは、ニュースキャスターになってしまったのだ。

「四月からキャスターをやってもらうから」

一九八九（平成元）年三月のこと。社会部の部屋で、突然上司に呼び止められ、「お前、四月から首都圏ニュースのキャスターだからな」の一言。

びっくりしたぼくが、「そんな……」と絶句していると、上司は、「もう決まったことだから」と、さっさと立ち去ってしまった。こうして、ぼくはニュースキャスターになった。

前の年の秋に昭和天皇が病気に倒れ、ぼくは宮内庁に応援に行っていた。宮内庁の近くのホテルに三か月の間泊まり込み、毎日、朝と昼のニュースで、天皇の病状報道を中継で伝えていた。年が明け、元号が平成になると共に、ぼくは夜九時のニュース番組「ＮＨＫニュース・トゥデー」のデスク業務に入っていた。堅いニュースばかりにならないように、街の話題、最近の流行などを若いアナウンサーがリポートするコーナーのデスクを担当した。アナウンサーやディレクターが提案する企画を検討し、取材してきた内容をチェックするという、記者というよりはディレクターの仕事だった。

それが今度はテレビに出る仕事。記者からディレクターに変わり、次はアナウンサーになるようなものだ。ぼくの新しい仕事は、月曜日から金曜日まで、午後八時四五分からの一五分間、首都圏（関東地方の一都六県）向けに放送するローカルニュース「ニュースセンター

845」のキャスターだった。

この「ニュースセンター845」は、三年間担当することになる。担当開始の翌年からは、午後六時からの「イブニングネットワーク」も合わせて担当した。こちらは四年間。合わせて五年間のニュースキャスター生活が始まった。

生活が一変した

テレビに出るようになって、ぼくの生活は一変した。記者時代は、事件や事故の発生でいつ呼び出しがあるかわからない。仕事が深夜に及ぶこともしばしば。それがキャスターになると、出退勤時間は規則正しくなる。土曜日、日曜日は原則として休めるようになる。

記者時代、ネクタイは数本しか持っておらず、いつもヨレヨレの格好をしていたが、それは許されなくなった。一番の変化は、プライバシーがなくなったことだろう。

「ニュースセンター845」を担当するようになって数か月後、自宅近くのスーパーで下着を買おうとレジに持っていったら、レジの女性が、「いつも見てます」とニッコリ。ぼくは恥ずかしくて恥ずかしくて、その場を逃げ出したくなった。それ以来、下着がなかなか買えなくなってしまった。洋服の安売り店で買い物していると、「あの人、NHKの人でしょ」「まさか。こんな店で買い物なんかしないわよ」という客同士の会話が聞こえてくる。

街を歩いていると、「NHKのアナウンサーですよね」と声をかけられるようになった。初めは、「いえ、違うんですが」と否定していたのだが、「だって、テレビに出ているでしょ」と反論されると、「そうか、視聴者にとっては、テレビに出ている人＝アナウンサーなのだ」と気づかされることになった。それからは、「ええ、まあ、似たようなものです」と答えることにした。近年では電車の中で携帯電話のカメラで隠し撮りされることもある。帰宅途中の電車内で、酔っぱらいに大声で声をかけられると、穴があったら入りたい思いにかられる。ぼくでさえこれだから、女性アナウンサーたちは大変だろうなあと思う。

でも、なんでこんな思いをしなければいけないのか。ぼくは記者になりたかったのであって、テレビに顔を出す仕事をしたかったわけではない。一時はノイローゼになりかかった。街を歩いていても、通行人と視線を合わせないように、下を向いて歩くようになった。

放送で原稿を読むのをトチッたり、ニュースにコメントしたりすると、すぐに非難の電話がかかり、手紙がやってくる。キャスターの仕事など、つらいことばかりだ。こんなはずではなかった、と思うことしきりだった。

文章を短く切り刻んだ

キャスターになった以上、ほかの記者が書いた原稿を読まなければならない。テレビに出るようになる二週間ほど前、空いていたスタジオで、本番さながらに原稿を読んでみた。驚いた。文章のひとつひとつが長く、息が切れて読み切れないのだ。こんなにもニュース原稿は読みにくいものだったのか。長くわかりにくい文章を見事に読んでいるアナウンサーの実力に改めて驚嘆した。

しかし、ぼくはアナウンサーではない。アナウンスの基礎的な研修も受けていない。『アナウンス読本』を慌てて買ってきて読んでみたが、とてもできそうにない。

どうするか。読みにくかったら、読みやすいように原稿の方を変えてしまえ。ぼくはニュースデスクとして、ほかの記者が書いた原稿を書き直す権限が与えられていた。これが、記者が書いた原稿を直す権限が与えられていないアナウンサーとは異なる。このデスクとしての特権をフルに行使することにした。長い文章をいくつにも分解して、短い文章の積み重ねにしていったのである。文章が短ければ、息が切れることなく、一息で読み通せる。短文を積み重ねる原稿にしてみたら、意外な発見があった。内容がわかりやすくなったのだ。

長い文章というのは、ひとつの文の中に、いくつもの要素が含まれている。これを短い文章に書き直すと、ひとつの文章にはひとつの内容しか含まれなくなる。これがわかりやすさの秘訣だった。たとえば、「春の交通安全運動が始まった」という原稿だとしよう。

「人も車も安全に、をスローガンに、きょうから来週の金曜日まで、春の交通安全運動が始まりました」

このスローガンは架空のものだが、こういう原稿は、こう直す。

「きょうから春の交通安全運動が始まりました。今年のスローガンは、人も車も安全に、です。来週金曜日まで行われます」

ひとつの文章が三つになった。短い文章は、それぞれひとつのことを伝えているにすぎない。これが、耳で聞いていてわかりやすいのだ。

視聴者にどう語りかけるか

記者が書くニュース原稿は、どうしても「書き言葉」になってしまう。原稿用紙（いまならパソコンの画面）に向かって文章を書いているからだ。

これをテレビでそのまま読み上げると、視聴者にとっては、よそよそしいものに感じられる。その上、ぼくは原稿を読み上げるプロではない。上手に読めない。だったら、たどたどしくてもいいから、視聴者に語りかけるようにしよう。そう考えた。

「書き言葉」を「話し言葉」に書き換える努力をするようにしたのだ。放送前に、キャスターは、原稿の下読みをする。このときに、「話し言葉」に変える努力をしてみた。

と同時に、「誰の立場に立ってニュースを伝えるか」という問題を考えるようになった。

たとえば年金の保険料引き上げのニュース。

「政府は、国民年金の保険料の額を引き上げることになりました」と書くか、

「みなさんが払い込む国民年金の保険料が、増えることになります」と書くか。

どちらも同じ内容を伝えているが、立場の違いは明らかだろう。取材している記者は、国民年金の保険料を引き上げる立場の官僚から取材して原稿を書く。官僚の発表の立場をそのまま受け継げば、前者の文章になる。

原稿を書くとき、それが視聴者の立場に立ったものになっているか。これを自問自答することだ。本来は最初に原稿を書く記者が心すべきことではあるが、キャスターとしても、それをチェックし、もし不十分なら書き換える必要がある。視聴者の立場に立って翻訳しなければならない。いわば「和文和訳」が必要だ。

「わかりやすさ」を考えた

NHKのニュースの場合、記者が書いた原稿をキャスターが読み上げる一方、画面にはカメラマンが撮影した映像が流れる、という構成が多い。記者は取材して原稿を書き、カメラマンは現場で撮影する。記者が書いた原稿はニュースデスクがチェックし、映像は編集担当者が編集する。

こうした分業体制が確立しているため、ニュースは素早く出せるようになっているのだが、結果として、原稿の文章と映像が有機的に結びつかないことが起きる。映像を見ているとキャスターの言葉が耳を素通りするし、キャスターの読みに耳を傾けていると、映像の意味がわからなくなる。

そこでぼくは、いい映像があれば、「画面の右側にあるのが、○○です。その下に……」というように、原稿の文章を、映像を説明するものに書き換えてしまった。

映像は、それを説明する原稿とあいまって、よくわかるものになる。原稿も、映像がつくことによって、わかりやすくなる。要は、それをどう有機的に結合させるかなのだ。

また、ぼくはパターンをしばしば使った。パターンというのはNHKの内部用語で、民放ではフリップと呼ぶ。テレビの出演者が説明するのに使う紙の板のことだ。

事件や事故が起きたとき、当然のことながら映像が流れる。ところが、映像は、それぞれの場面を切り取ったものでしかない。周囲の全体像が映像では摑み切れないことが多いのだ。こんなときぼくは、現場の記者から見取図を送ってもらい、これでパターンを作成した。その上で、現場の記者から送られてきた原稿を元にして、現場を説明する文章を新しく書いてしまう。視聴者にパターンの見取図を見せながら、説明のコメントを読み上げるのだ。

さらに、カメラマンが撮影してきた映像を紹介するときには、事前に見取図の中にカメラマンの位置を示し、「この場所からこちらの方向を撮影したものです」と説明した上で映像を流す。こうすれば、視聴者は、現場の様子がよくわかるはずだ。

ぼくはキャスターになったことで、「映像的表現」「映像による説明」とはどんなものなのか、試行錯誤しながら研究することになった。

「キャスター」って、なんだろう

いままでキャスターという言葉を何度も使ってきたが、そもそもキャスターとは、なんだろうか。

「自分の意見を出さずに上手に原稿を読むのがアナウンサーで、自分の意見を言いながら下手に読むのがキャスター」という皮肉な定義をした人があった。一面の真実を突いた表現に感心してしまった。

「キャスター」とは和製英語だ。英語の「ブロードキャスター」（放送する人）という言葉を縮めている。そこから、ニュースを伝える人を「ニュースキャスター」と呼ぶようになった。日本の「キャスター」は、アメリカでは「アンカー」という単語になる。アンカーとはリレーの最終走者のこと。

テレビのニュースは、現場で取材する記者とカメラマン、原稿をチェックするデスク、映像を編集する編集担当者……と、数多くの人の手を経て放送される。その様子をリレーに例えて、画面に出てニュースを伝える人をアンカーと呼んだのだ。

初めは「アンカーマン」という言い方だったが、女性のアンカーが出現すると、「アンカーウーマン」と呼ばれ、両者を合わせて「アンカーパーソン」と呼ぶようになった。そして、いまはただ単に「アンカー」と呼ばれる。

ニュースキャスターはアナウンサーではない

日本のテレビニュースでは、アナウンサーが原稿を読むというスタイルが続いてきた。しかし、アメリカやイギリスなどでは、ニュースをアナウンサーが読むということはない。スタジオでニュースを伝えるのは、記者出身者だ。

たとえばアメリカのアンカーは、まず地方の小さな新聞社か放送局で記者として仕事を始める。そこで経験を積み、実績を上げた上で、大きな都市の放送局に移る。

大きな都市の放送局で仕事をするようになると、全国向け放送で記者リポートをすることも増えてくる。ここで注目されると、ニューヨークに本社のあるキー局にスカウトされることがある。あるいは、自分のリポートのビデオを送って自分を売り込む。

キー局では、改めて記者としてのスタートを切る。さまざまな現場に行ってリポートするという仕事を続ける。ワシントンでホワイトハウス詰めの記者を経験することもある。

こうした仕事を積み重ねることで、やっとニュースキャスター誕生ということになる。

豊富な取材経験がないと、そもそもキー局のキャスターにはなれないのだ。日本だと、放送局に入って数年の若い女性がニュースを読むことが多いが、アメリカでは、少なくともキー局ではありえないことである。

アメリカのABCニュースの夜のニュースキャスターを務めた故ピーター・ジェニングスは、若いころ、そのハンサムな容貌を買われて、一度ABCニュースのキャスターになった。しかし、経験不足の批判を受け、キャスターを降板させられ、現場の記者に戻された。「もっと顔に皺《しわ》を刻んでから画面に出てこい」と言われたという。

そして、その通り、顔に皺を刻んで、つまり豊富な取材経験を積んだ上で、キャスター職に復帰した。

アメリカのアンカーは編集責任者

アメリカでアンカーが記者出身者でなければならないのは、そのニュース番組の編集長でもあるからだ。編集長としてニュースを判断する以上、記者としての豊富な取材経験が必要だと考えられているからだ。

その日、どのニュースをどの順番で、何分ぐらい伝えるか、すべてこの編集長が決めるのだ。しかも、番組の中で現場からリポートする記者のリポート内容も、アンカーがチェックする。現場の記者は、事前にアンカーにリポート内容を電話で説明する。アンカーは、内容を耳で聞く（これが大切。文章を読むのではなく耳で聞いて理解できるかどうかを判断する）。内容を修正する必要があると判断すれば、具体的に指示する。番組の記者リポートすら、アンカーがＯＫしたものだけが放送されているのだ。

アメリカのニュース番組のアンカーは、自分の意見を決して言わないことで知られている。番組の中で意見を言わないことは確かなのだが、自分の考えで番組を制作している。わざわざ番組の中で意見を言う必要もない、という見方もできるのだ。

キャスターは自分の意見を言えるのか

日本のニュース番組の場合、民放ではキャスターが自分の意見を言うことが当たり前のようになっている。これが、「アメリカではアンカーが自分の意見を言わないという分を守っているのに、それにひきかえ日本では……」という批判につながることも多い。

しかし、アメリカのアンカーは、番組の全体で自分の見解を示しているとも言えるのだ。

その点、日本のニュース番組は、画面に出るキャスターが編集長ではなく、編集責任者は別にいる。その人の考え・判断で番組は制作される。画面に出るキャスターは、自分が責任者ではない分、気軽に自分の意見を言える、と解釈することもできるのだ。

NHKの場合は、夜九時のニュースのメインキャスターは、伝統的に記者出身で責任者でもある。画面に出ないもうひとりの編集責任者と共に、その番組の内容に責任を持つ体制になっている。

ぼくはNHKの記者として、またキャスターとして仕事をしてきたから、「放送で自分の意見を言ってはいけない」という常識が身に染みついている。でも、ぼく自身、ニュースの編集責任者でもあったから、どんなニュースを出すかという点において、自分の意見・考え方を番組に反映してきたとも言える。その意味では、放送で「自分の意見を言ってきた」。

しかし、放送の中で、ナマの形で自分の意見を言うことはいけないことだと思っている。なんらかの判断をするのは視聴者であって、キャスターが意見を視聴者に押しつけてはいけないと思うからだ。ニュースは、視聴者が判断する材料を提供すべきであって、意見を押しつけてはいけない。キャスターが意見を述べると、「視聴者に正しい考え方を教えてやろう」という姿勢が見えてしまう。

民放のニュース番組で、いかにも経験不足が歴然としているキャスターが、したり顔でコメントを述べるのを見ると、見ているこちらが恥ずかしくなってしまう。

「圧力に負けないで」という手紙まで

「ニュースセンター８４５」では、首都圏のさまざまなニュースを伝えた後、天気予報の前に、ちょっとした季節の話題などの映像を流すことがあった。ニュースが一段落して、ほっとする一瞬だ。こんなとき、映像が終わってスタジオに戻ったとき、ぼくは軽い駄洒落を言うことがあった。堅いニュースばかりでなく、番組の構成に緩急をつけよう、という思いからだったのだが、これが意外な反響を呼ぶ。

「ＮＨＫのアナウンサー（ではないのだが）がニュースで駄洒落を言うなんて、驚いたけど面白い」「池上の情けないオヤジギャグがクセになってしまった」などという視聴者の好意的（？）な電話・手紙が殺到するようになったのだ。

早稲田大学の学生から、「ゼミのコンパをしても、８４５の池上さんの最後のコメントが見たいからと言って帰る学生が多く、二次会が成立しなくなりました」という手紙をもらったこともある。「そんなことしないで二次会を楽しんでください」という返事を出したが。

あるいは、ある高校新聞が特集を組んだこともある。ぼくの駄洒落を列記して、ひとつひとつの意味を解説していた。

たまにアイデアが浮かばず駄洒落を言わないと、「駄洒落を言うなと上から圧力をかけられているのでしょうが、圧力に負けずにがんばってください」という電話や手紙がいくつもあったのには驚いた。そんな圧力、ひとつもなかったのだが。

視聴率が気になり始める

ニュース番組のキャスターになって初めて、視聴率が気になるようになった。記者として原稿を書いているときは気にしたこともなかったのだが、番組の責任者ともなると、やはり数字が気になる。放送の翌日、出勤すると、すぐに視聴率をチェックするようになった。数字は番組の「成績表」のようなものだった。いまは番組終了の一五分後には視聴率が出るようになっている。

もちろんNHKは、民放のように「視聴率がとれなければ即打ち切り」ということはない。でも、せっかく番組を作って放送している以上、なるべく大勢の人に見てもらいたいのは人情だ。NHKの局内でも視聴率は大いに注目されている。

大事なことは、視聴率至上主義になってはいけないということだ。たとえば、夕方のニュース番組では、堅いニュースはやめて、おいしい食べ物の食べ歩きのような企画ばかりを出していれば、確かに視聴率は上がる。でも、伝えるべきニュースは、どんなに堅くてもむずかしくても、やはり伝えなければならないのだ。

しかし、その一方で、「伝えなければいけないニュースは伝えるのだ」と言いながら、何の工夫もなく、つまらない伝え方をしていたのでは、それも違うでしょう、と言いたい。

必要なニュースは、どんなに堅くてもつまらなくても伝える。でも、そのときに、どうすれば、わかりやすく興味を持ってもらえる伝え方ができるか、その努力を惜しんではいけない。

「お父さん」になってください

首都圏向けのニュースも、計五年も担当すると、すっかり疲れてくる。月曜日から金曜日まで、毎日の生放送はつらいものがある。もともと取材して原稿を書く記者になりたかったのに、画面に出て、まるでアナウンサーのような仕事をするのは勝手が違う。

くたびれ果てたぼくは、「もうキャスターは辞めさせてほしい」と上司に頼んだ。その希望が叶えられる方向に話が進んでいたとき、まったく別の場所で、「週刊こどもニュース」の「お父さん」探しが行われていた。

「こどもニュース」は、視聴者から「世の中にはいろんなニュースがあるのだから、ひとつくらい子ども向けのニュース番組があってもいいのではないでしょうか」という提案があって始まることになったものだ。

演出形式にはいろいろな意見があったようだが、結局、家族が茶の間で一週間のニュースを振り返る、という形になった。「お母さん」と「子どもたち」は外部から起用することにして、「お父さん」候補をスタッフが局内から探していた。こんなとき、ぼくが首都圏ニュースを降りることを知ったスタッフが、ぼくを指名した。「お父さん」になってください、というわけだ。せっかくテレビ画面から姿を消してニュースの現場に戻れると思っていたのに、思わぬ展開になってしまった。

初代のお母さん役は柴田理恵さんだった。放送時間は、最初は日曜日の午前八時半からだったが、途中で午前一〇時半からになり、さらに午前一〇時五分からに繰り上がる、という経過をたどった後、土曜日の午後六時一〇分からに落ち着いた。放送が始まったころには二五分間だった番組が、時間帯が変わるたびに増え、三二分にまで拡大していた。

記者になりたくて入った世界で、いつの間にか子ども向け番組の父親役になるとは。世の中、わからないものだ。

「わかりやすさ」に取り組んだ

ぼくにとって子ども向けニュースを担当するというのは青天の霹靂《へきれき》のようなものではあったが、その一方で、「欲求不満」を解消するチャンスでもあった。それまでぼくが担当していた首都圏向けニュース番組の「イブニングネットワーク」の放送開始は午後六時。まだ世の中が動いている最中だから、なかなか原稿が送られて来ない。放送直前にどっと入ってくる。

このため、読んでみて、「これではわかりにくいな」と内心思う原稿でも、大幅に手直しをする時間はなく、そのまま放送に出てしまうことがよくあった。

「もっと時間をかければ、わかりやすくなるのに」「この部分は模型にすると、より理解を助けるのになあ」などと思うことが多かった。そんな「欲求不満」がたまっていた。その点、「こどもニュース」は、とにかくわかりやすいニュースを目ざすという。わかりやすさを追求したいと考えていたぼくにとって、それを実際に試みるいい機会になった。

わかっていないと明快に説明できない

わかりやすいニュースを出していこうと意気込んで始めたのだが、「言うは易し」。実際に始めてみると、驚くことばかりだった。

たとえば政治のニュースでは、よく「政府は……」という原稿が出てくる。すると、子どもたち、「政府って、なに?」。

改めて問われると、さて、「政府」とは、なんだろう。政治のニュースで出てくる「政府」とは、内閣のようでもあり、ないようでもあり……。

結論から言えば、内閣のことを指す場合がほとんどだ。ただ、内閣のもとで仕事をする中央省庁の事務次官クラスまでが含まれることもある。中央省庁として方針を固めたことが、「政府は……方針を固めた」というニュースになることもあるからだ。だが、もし子どもに「政府って、なに？」と聞かれたら、「内閣のことだよ」と断言すればいい。

でも、なんとなくあやふやに「政府」という言葉を使っていると、答えに窮してしまう。よく理解していれば、直ちに明快に答えられるものなのだ、ということを再確認した。

ニュースに官房長官が登場すると、「官房長官とは」という説明が必要になる。そうなると、「官房長官」という職種をきちんと理解していないと説明できない。

「官房長官とは、内閣の大臣のひとりです。内閣のまとめ役で、総理大臣の仕事のお手伝いをしています。また、内閣がする仕事を国民に知らせる係でもあります」

こういう説明ができるかどうか。そのためには、日頃からニュースに登場する言葉への深い理解が必要になる。子ども向けニュースというのは、容易ならざるものがあるのだ。

日銀が「金融の量的緩和」に踏み切れば、その内容と意味を説明する。当然のことながら、そもそも日銀とは何か、という基本から説明しなければならない。

その上で、金利がほぼゼロになって、金利をこれ以上引き下げられない現状で考えた苦肉の策を、わかりやすく説明する必要がある。

「こどもニュース」でいつも気をつけたのは、「こんなにむずかしいニュースは、子どもにはわかりっこないよ」とは、決して言わないようにしたことだ。

そうではなく、「これを子どもにわかってもらうためには、どんな工夫をすればいいんだろう」と考えることが大事なのだ。これが、決して踏み外してはいけない大原則だった。

「わかるだろう」と思い込んでいた

そうは言っても、簡単なことではない。

事件のニュースでは、警視庁や検察庁という言葉が頻出する。さらには、警察庁という役所の名前も出てくる。

「書類送検」という言葉も出てくるが、当然のことながら、子どもたちにはわからない。いや、テレビを見ている大人だって、「書類送検」などの専門用語について、ちっともわかっていなかったということに、ぼくは初めて気がついた。

ぼくは警察担当記者として、ニュース原稿の中で、警視庁や検察庁という言葉を数多く使ってきた。「書類送検」という用語も、どれだけ使ったことか。ところが、ほとんどの視聴者は、これにどんな意味があるのか、まったくわかっていなかったのだ。

自分はこれまで記者として、何を書いてきたんだろう、という自責の念に駆られることになった。事件を取材し原稿を書いている記者は、刑事訴訟法上の手続きをよく理解している。だから視聴者もわかっているだろうと勝手に思ってしまうのだが、実はそうではないということに、ようやく気がついたのだ。

思いもかけない反応も

子どもたちは、こちらの想定もしていない反応を示すことがある。「内閣改造」について番組で取り上げたときのこと。「内閣改造とは、総理大臣が、一緒に仕事をする大臣を入れ替えることです」という説明をすることにした。

このとき、子どもたちが、「内閣とは、どういう意味？」とか、「大臣って、どうしてそんな名前なの？」とかいう質問をするのではないかと考えて、あらかじめ語義を調べておいた。事前の準備は万端。さあ、何でも聞いて。

ところが、放送では、ぼくの説明が終わった途端、子どもが、一言。

「そんなに大臣を次々に入れ替えて、仕事ができるの？」

うーむ、まさか、そんな質問が飛び出してくるとは。でも、まさにおっしゃる通り。大臣を次々に入れ替えたのでは、大臣は落ち着いて仕事ができないよねえ。でも、「そうだよね」とも答えられない。「うん、そう考える人もいるけど、総理大臣としては、これでできると考えたから入れ替えたんだろうね」としか返答できなかった。

まことに子どもは、「王様は裸だ」と言ってくれる存在なのだ。

「わかりやすいニュース」をみんな待っていた

「こどもニュース」を担当して一番驚いたことは、子どもよりも大人、とりわけ高齢者から絶大な支持を受けたことだ。番組あてに、お年寄りからのファンレターが殺到した。「普通のニュースはむずかしすぎて、このくらいがちょうどいいのです」という趣旨のものばかりだった。

年齢別視聴率調査では、六〇歳以上の男女の視聴率が二〇％に達した。まさに「週刊老人ニュース」だった。それだけ、世の中の通常のニュースが、一般の人にむずかしくなってきているということだろう。専門用語、カタカナ、横文字が氾濫している。

その点、「こどもニュース」は、むずかしい言葉は一切使わず、ニュースの背景を基礎から解説する。これが、高い支持を受けることになった理由だろう。

新人研修のとき、ぼくは「中学校を卒業して数年たった人にわかるレベルの原稿を書け」という指導を受けた。まだ高校進学率がそれほど高くはなかった時代だったからだ。いまだったら、「高校を出て数年たった人が理解できるような原稿を書け」ということになるのだろうが、果たして、それだけの内容のものになっているのだろうか。

むずかしい言葉をそのまま使って原稿を書くことは、実はたやすい。むずかしい内容を誰にでも理解できるようにやさしくすること、これが大層むずかしいのだ。

「こどもニュース」が始まったことで、「そうか、むずかしいニュースでも、こんな風にやさしくできるのか」という発見を、多くの人にしてもらえたのではないだろうか。事実、「こどもニュース」の手法は、ほかの民放のニュース番組やワイドショーが真似するようになった。光栄なことだ。

「オウム真理教」をどう伝えるか

二〇二四年三月、オウム真理教の元代表の麻原彰晃、本名・松本智津夫元死刑囚の遺骨などについて、東京地方裁判所は、所有権がある次女に引き渡すよう国に命じる判決を言い渡した。

松本元死刑囚の遺骨などは、親族のうち次女に所有権があることが裁判所の決定で確定しているが、国は「遺骨が宗教的に利用される可能性がある」などとして引き渡しを拒否していた。

オウム真理教の事件は、いまも尾を引いているのだ。この事件は「こどもニュース」を担当しているときに大問題になったが、子どもたちに事件をどう伝えるか苦悩することになった。この事件を「こどもニュース」で取り上げることになったきっかけは、一九九五年三月二〇日の「地下鉄サリン事件」だった。

オウム真理教は、それまでにも一九八九年一一月に横浜の坂本堤弁護士一家殺害事件や一九九四年六月の松本サリン事件などを引き起こしていたことが、地下鉄サリン事件をきっかけに次々に明るみになっていくが、各事件の発生当時は容疑者が不明のままだった。

しかし警視庁が捜査に乗り出し、捜査の手がオウム真理教に伸びそうになったことを察知した麻原彰晃は、捜査を混乱させようと考え、警視庁の捜査員の多くが出退勤する地下鉄霞ケ関駅を狙い、地下鉄の車両内に猛毒のサリンを撒き散らしたのだ。

この事件では一二人が死亡し、数千人の負傷者を出すという大惨事になった。

もともとはヨガ道場を舞台に活動を始め、信者を増やすと、多くの信者を選挙に立候補させるが、全員が惨敗。選挙で政権を取れないと考えた麻原は、サリンなどの猛毒を密造。さらに自動小銃の製造に手を染め、自分を国王とする国家の樹立を妄想。対立する人物を暗殺したりしていたのだ。

この事件の概要が次第に明らかになると、「こどもニュース」の視聴者である子どもたちから、「サリンはどうやって作るんですか」などという無邪気というか、恐ろしいというか、さまざまな疑問が寄せられた。

こうなると、番組としては、サリンの解説が必要になる。慌てて調べることになった。その結果、ドイツでジャガイモにつく害虫を退治するための農薬として開発されたものの、猛毒であることが判明し使用されなかったことがわかった。

このような猛毒を製造するためには、専門知識と大規模な製造プラントが必要になるが、当時のオウム真理教には高学歴の理科系のメンバーがいて、独力で製造に成功していた。

また、当時のオウム真理教には信者の弁護士もいて、組織の活動を弁護する。この様子を見た子どもたちから、「なぜ悪い人を弁護する必要があるんですか？」という素朴な質問も寄せられる。これに関しては、誰もが弁護をしてもらえる権利を持っているのだという解説をすることになった。

とにかく恐ろしい事件ではあったが、「こどもニュース」としては取り上げて解説しなくてはならない。凶悪な事件を、子どもたちにどのように伝えればいいか、ひたすら試行錯誤する日々だった。

この事件では、理系のエリート学生がなぜ信者となったかが議論になった。一方では伝統的な在来宗教の魅力がなくなっていたのではないかという反省が生まれた。

またもう一方では、大学教育での教養の大切さがクローズアップされることになった。宗教や人間の倫理など基礎的な教養教育が不足していたのではないかというわけだ。この事件をきっかけに全国の大学で一般教養の見直しや、「リベラルアーツ教育」が重視されるようになっていく。日本の宗教界と教育界に大きな衝撃を与えた事件だった。

「九・一一」直後に特集を組んだ

わかりやすいニュース解説をするためには、日頃の準備が必要だ。たとえば、極めてショッキングだったアメリカでの同時多発テロ事件。二〇〇一年九月一一日に事件が発生したその週の土曜日、これを特集することになった。さて、どう伝えるか。

すでにオサマ・ビン・ラディンの名前がニュースに登場していた。「イスラム原理主義過激派」という言葉も頻出している。そこで、一般のイスラム教徒との違いを説明する必要があると考えた。「イスラム教徒」一般に対する偏見を持ってほしくないからだ。

説明の手法として、「集合」の概念を使うことにした。つまり、「イスラム教徒」という大きな集団の中に「イスラム原理主義」という考え方のグループがいて、さらにその中のごく一部に、武器を持った小さな集団がある、という概念を模型にしたのだ。

そして、次のような説明を試みた。

世界貿易センターが崩壊する様子が生中継され、世界中に衝撃を与えた

世界には多くのイスラム教徒がいるけれど、その中に、「自分たちの国の中で貧富の差が広がったり国が混乱したりしているのは、欧米の文化の悪い影響ではないか」と考える人たちがいる。この人たちは、「イスラムの教えの原点に帰れ」という運動をしている。この人たちのことを「イスラム原理主義者」と呼ぶ。でも、この人たちの多くは、平和な運動をしている。この中のごく一部が、武力を使ってでも目的を実現しようとしている。この人たちが、「イスラム原理主義過激派」と呼ばれる人たちだ。イスラム教徒一般や、イスラム原理主義の人たちと一緒にしてはいけないよ。

この説明を準備するときには、改めてイスラム教に関する専門書を引っ張り出しておさらいをした。「こどもニュース」では、さまざまなニュースを解説しなければいけない以上、日頃からの準備が大切なのだ。

ぼくは、「こどもニュース」を担当するようになってから、「今後、どんなニュースが大きく扱われるようになるのだろう」と予測して、それに関する勉強をするように努力してきた。いわば、毎日が「予習」なのだ。

同時多発テロ事件が起きる前に、アフガニスタンでのタリバン政権の「原理主義」などを勉強しておいたので、それを復習する形で自分の記憶を呼び戻し、模型のアイデアを考え出した。

同時多発テロ事件が起きてからは、イスラム教を改めて理解するため、『コーラン』(『クルアーン』)も、日本語訳ではあるが、全部読んでみた。さらに、『コーラン』を理解するためには、預言者ムハンマドの言行録である『ハディース』にも目を通す必要があると考えて、全部とまではいかないが、かなりの部分を読んだ。こちらは中公文庫で全六冊。一冊一冊がかなりの分量だ。以前に本が出たときに、「いずれ読む必要が出てくるかも知れない」と考えて買っておいたのが役立った。

取材して原稿を書くという記者の仕事は、「こどもニュース」を担当したことで大きく変わった。「今後起きる可能性のある事件を想定して事前の準備をする」「どんな説明をすればわかってもらえるか、説明の方法を考える」という仕事が中心になってきたのだ。

現実は現実として伝えながら……

ぼくは、悩みながら番組を担当してきた。子ども向け番組だからという理由をつけて、明るく楽しい話題ばかりを取り上げる、という手法も可能ではある。でも、ニュースというのは、そういうものではない。現実をありのまま伝えるのが、ニュースだ。悲惨なニュースだって、それが現実であれば、伝えなくてはならない。多くの人に、その現実を知ってもらった上で、二度と起きないようにするにはどうしたらいいか、社会全体で考えていかなくてはならない。

子どもたちだって、この現実社会で生きている以上、やがてさまざまな現実に直面する。いつまでも隠しておくことはできない。だったら、子どもに理解してもらえるような説明を付け加えて伝えてみよう。

あるいは、「こう考えてみたらどうだろう」というアドバイスを添えて伝えてみよう。「こんな悲惨なニュース、子どもには伝えられない」ではなくて、「こんな悲惨なニュース、子どもにはどう伝えたらいいいんだろう」というように考えるべきなのだ。

これが、ぼくが子どもたちにニュースを伝える仕事を一一年間続けた末にたどり着いた結論だった。

第九章

独立、そして令和へ

——過去の報道から学ぶべきこと

エルサレム。嘆きの壁はユダヤ教、岩のドームはイスラム教の聖地

キャスター生活が終わった

「三月は別れの季節でもあります。週刊こどもニュースはこれからも続きますが、いまの家族は、きょうが最後です。長い間、ありがとうございました」

ぼくがこう話した後、一緒に番組を伝えてきた家族四人が、それぞれ別れの挨拶を述べる。続いて、番組のマスコットであるCGキャラクターの「スクープくん」の番となり、声優の龍田直樹さんが、顔を見せないまま挨拶。そして、最後にぼくが、改めて挨拶する。

「私おとうさんは、こどもニュースを一一年間担当してきました。世の中のニュースを、少しでもわかりやすく伝えることができれば、と考えて、いろいろ努力はしてみましたが、まさか、こんなに続くとは思ってもみませんでした。

これだけ続けることができたのも、テレビを見ているみなさんの応援があったからです。本当に感謝しています。

そして、このテレビ画面に登場することのない、大勢のスタッフに支えられてきたからでもあります。この場で、素敵なスタッフにも感謝しながら、テレビの前のみなさんとお別れしようと思います。みなさん、お元気で。さようなら」

スタジオに大勢のスタッフが入ってきて、ぼくの挨拶を見守っている。テレビカメラに向かって話しているうちに、なんだかぼくの目の前が霞んできた。「さようなら」の言葉の後、スタジオの全景を俯瞰《ふかん》するカメラの映像に切り替わる。スタジオにいる大勢のスタッフと共に、カメラに向かって手を振る。

そして、放送終了。スタッフから大きな拍手が沸き起こった。ぼくの一六年間のキャスター生活が、そして合計三二年間の放送局人生が、こうして終わった。

現場に戻りたくて

二〇〇五年三月三一日、それまで三二年間在籍したＮＨＫを退職した。当時ぼくは五四歳。当時のＮＨＫには退職年齢の三年前から早期退職制度が導入されていた。定年になる前に退職すれば、退職金が上積みされる仕組みだ。もちろんその後の三年間勤務した方が受け取れる給料は多いのだが、職員の高齢化を防ぐために早期退職を勧奨する仕組みが導入されていたのだ。

ぼくの場合は、五七歳が役職定年だった。だから三年前の五四歳早期退職制度を利用できたわけだ。「こどもニュース」で中東問題を多く取り上げるようになり、実際に自分の目で現場を見たいという思いがあった。ぼくは社会部記者だったから、外信部の記者のように海外取材に行くことは、ほとんどなかった。これからジャーナリストとして独り立ちする以上、世界を見ておかなければならないと決意したのだ。

ＮＨＫを退職した日に、同期の記者たちが送別会を開いてくれた。同期はありがたいものだ。彼らは、これからぼくがどうするつもりなのか心配してくれた。

ＮＨＫを辞める際、民放からの出演依頼はなかった。そもそもぼくが辞めたことは、民放の人たちも知らなかったし、民放に出る気もなかった。同期の記者たちは、「これからどうやって食っていくんだ」と尋ねた。

「こどもニュース」を担当しているうちに出版社から「ニュースをわかりやすく解説する本を書きませんか」という依頼があった。さらに「現代史を書きませんか」というリクエストもあり、退社時点で二冊の本の受注があった。これから取材をしながら執筆に専念するつもりだったのだ。自宅近くのマンションに部屋を借り、大量の書籍を移して書斎を整備した。

幸いなことに知り合いの出版社の編集者が心配し、週刊誌に国際情勢を解説する連載コラムの仕事を見つけてくれた。毎週少しずつでも現金収入があるのはありがたいし、連載原稿がたまれば単行本にもなる。

こうしてテレビの仕事を離れ、取材・執筆に専念するジャーナリストになった……はずだったのだが。

中東調査会に入りイラン取材へ

二〇〇五年は、中東のイランで核開発疑惑が明らかになっていた。まずはイランに行くことにしよう。そこで中東調査会に個人会員として入り、イラン在住のコーディネーターを紹介してもらった。

イランの観光ビザを取得し、「観光客」として航空券やホテルを手配した。とりあえずイランを見てみたいという動機だったから、まさに「観光」だった。目的を偽ったわけではない。

イランを見たら、次はイスラエルとパレスチナだろう。それぞれコーディネーターを紹介してもらって、これも「観光旅行」だ。イスラエルに入国しようとパスポートを提出すると、パスポートのページを繰っていた担当者の手が止まり、突然ごつい男性が登場。「イランには何しに行った」と尋問されてしまった。イスラエルにとってイランは「敵国」なのだということを実感した。もちろん答えは「観光」で納得してもらえた。

現地に行ってみてわかることは多いのだ。ユダヤ教とキリスト教それにイスラム教の三つの聖地エルサレムを実際に自分の目で見たことは、その後、中東問題を解説する上で大いに役立つことになる。

こうして単独で海外取材を続けているうちにフジテレビの朝の番組「とくダネ！」にコメンテーターとして呼ばれた。ぼくより前にＮＨＫのディレクターを辞めていた男性が、ぼくがＮＨＫを辞めたことを知り、「ＮＨＫでは一緒に仕事をする機会がなかったので、ぜひ番組に出演してください」と誘ってくれたからだ。

ただし、この番組に出演したのはわずか三回。お台場のフジテレビに午前七時には行かなければならないのがつらかったからだ。ぼくは朝が弱い。なんでフリーランスになったのに早起きしなければならないのかと思ってしまったのだ。

ところが、ぼくがフジテレビに出演したことで、「池上がＮＨＫを辞めた」ことを知った民放各局から出演依頼が来ることになった。フジテレビの次は日本テレビの「世界一受けたい授業」だった。ぼくが海外取材をしながら収集した世界各国の世界地図を紹介し、国によって世界地図の表記が異なることを解説した。世界地図を見ることで、国際情勢が見えてくるのだ。

テレビ朝日でレギュラーを担当

また、テレビ朝日の「学べる‼ ニュースショー！」からも出演依頼があった。この番組は、過去に生死の危機に見舞われた人たちが、どのようにして死地を脱したのかを再現ドラマで紹介するもので、コメンテーターとしての出演だった。

しかし、そんなストーリーは、それほどあるわけではない。次第にネタ枯れになり、ニュースとは言えない内容に変わっていく。「これなら私が出演する意味がありません」と言って、出演をいったんは止めたのだが、「それでは池上さんがニュースを解説する番組にしますから戻ってください」と言われ戻ることにした。

ちょうどその頃、イランで大統領選挙の結果が不正だったと若者たちが抗議して騒乱状態となっていた。「イランとはどんな国かというテーマでやりましょう」と持ちかけると、スタッフが後ずさりする。「イランなんてゴールデンアワーに見る視聴者は関心ありません」というのだ。そこでぼくは説得にかかった。「イランのニュースを見てごらん。NHKも民放も、混乱の様子は伝えるが、そもそもイランがどんな国かについての解説はないだろう。イランとはどんな国か、という基本から解説すれば見てもらえるんだよ」

これは「週刊こどもニュース」を担当したときの経験にもとづく。多くの人にとって、通常のニュースはむずかしすぎて理解できなかったのだが、そのことにテレビの送り手は気づいていなかったのだ。

イランを取り上げた回は、民放の人たちにとって驚異の視聴率を叩き出した。「まさかゴールデンアワーにイランの解説をして視聴率を取るとは」という驚きだったようだ。

こうして次々に国際ニュースを解説すると、視聴率はうなぎのぼり。民放の人たちの常識を塗り替えることになった。

しかし、実はこの番組、低視聴率に苦しんでいた段階で打ち切りが決まっていた。高視聴率を取るようになっても、もはや手遅れ。番組は打ち切りになった。

すると今度はフジテレビから「ゴールデンにニュースをわかりやすく解説する番組を始めましょう」との誘いが来た。スタジオに日本在住の外国人たちに集まってもらって、世界のニュースを取り上げたところ、これがまた高視聴率。それを見て慌てたテレビ朝日の担当者がやって来て、一度は打ち切りになった番組を池上の冠番組にして復活させますとの誘いがあった。

結局、この番組はタイトルを変えたり放送の曜日や時間を変更したりしながら、毎週土曜日の夜の放送として続いている。

その後の民放各局の昼間のワイドショーを見ていると、アメリカ大統領選挙や中東問題、ロシアによるウクライナ軍事侵攻など、過去のワイドショーでは決して触れなかったであろう国際問題を積極的に扱うようになってきた。民放のニュースの伝え方に一石を投じる結果になったとすると嬉しいのだが。

テレビ東京で選挙特番を

ＮＨＫ退職後、ぼくの人生を大きく変えたのは、テレビ東京の政治部長だった福田裕昭氏だった。「一緒に番組を作りたいんです」と言って、ぼくの仕事場近くのカフェにやって来て話をした。当初は正直言って、乗り気ではなかった。民放に出るためにＮＨＫを辞めたわけではなかったからだ。

しかし、福田氏は熱心だった。実は彼が政治部長になる前から「こどもニュース」を見て、政治のニュースを解説する参考にしていたというのだ。結局、彼の熱意にほだされていろんな番組に出演するようになった。

やがて転機になったのは、選挙特番を受け持つことになったことだ。過去のテレビ東京の選挙特番は、選挙結果が見えてきた午後一〇時からの放送だったが、福田氏の悲願は、他局と同じ夜八時からのスタートだった。

しかし、他局に比べて報道局の人員は限られている。速報合戦では他局に太刀打ちできない。そこで相談して生まれたコンセプトは、「家族で見て面白くてためになる」というものだった。

それまでＮＨＫを含め他局はいち早く候補者の当確を伝えようとする速報合戦に力を入れていた。ところが各局とも午後八時に投票が締め切られた途端、出口調査にもとづいて「当選確実」を速報する。過去の選挙特番は、開票が進むにつれ、少しずつ当選確実が出ていた。視聴者はそれを見ていたのだが、八時になった途端に結果がわかったのでは、その後の速報を見る意味がない。そこに気づいたぼくたちは、速報合戦から身を引き、候補者の面白いプロフィールを紹介したり、ぼくが女性アナウンサーを引き連れてバスに乗って各政党本部や選挙事務所を回ったりして、選挙戦の裏側を紹介することにした。

さらに公明党と創価学会の関係を解説した。それまで他局の選挙特番は創価学会が公明党を支援していることをほとんど取り上げることはなかった。それは、政治部の記者にとって、創価学会が公明党を支援していることは常識だったから、わざわざ触れることがなかっただけだった。

ところが視聴者は、「創価学会が公明党を支援していることをテレビが取り上げないのは、それがタブーになっているからだ」と誤解していたのだ。このためテレビ東京がこの関係を解説すると、「さすがテレビ東京。タブーに挑戦」などと、思いもよらない評価を頂戴することになった。

「池上無双」と呼ばれた

極めつけは「池上無双」という言葉だった。選挙特番では各局ともキャスターあるいは政治部の記者が候補者や政党トップに中継でインタビューする。ところが、その多くは「おめでとうございます。いまのお気持ちは？」というレベルの微温的なインタビューだった。しかしそれでは政党や候補者の本音が見えてこない。そこでぼくは、遠慮なく候補者に切り込んだ。祝賀インタビューのようなものしか受けて来なかった候補者にとっては、どうも仰天の質問だったらしい。戸惑い、しどろもどろになる候補者が続出し、その様子を見ていた人たちが、ネットに「池上無双」と書き込んだ。

でも、ジャーナリストが政治家に厳しい質問をするのは当たり前のこと。当たり前のことをして評価されるというのは、いかがなものかと思ってしまう。

ただし、ぼくの質問の仕方を見て各局とも発奮したようだ。その後の各局の選挙特番は、候補者に厳しい批判をすることが増えてきた。

そして昭和を振り返る

「はじめに」でも触れたように、二〇二四年四月から、ぼくはＮＨＫに復帰した。毎週金曜午後一〇時半からの「時をかけるテレビ」だ。これは、ＮＨＫが昭和や平成の時代に制作した優れたテレビ番組を、令和の現代から振り返ってみようという趣旨の番組だ。ＮＨＫは過去に「ＮＨＫ特集」や「ＮＨＫスペシャル」として優れた番組を数々放送してきた。

そんな番組をお蔵入りさせていてはもったいない。こうした問題意識でＮＨＫの担当者とぼくは一致した。

ただし、いくら優れた番組でも、時代の制約というものがある。そのまま現代に放送しても理解してもらえないことがある。そこでぼくの出番だ。昭和から平成、令和と放送に関わり、数多くの事件や事故などニュースを取材してきた立場から、いわばナビゲーターとして視聴者の水先案内人になることを意図している。それが、三つの時代にわたって生きてきた者の務めだと思っている。

こうして取り上げる番組には、現代につながる問題も扱っているものが多数あるのだ。そのひとつが一九九八年に放送した「ＮＨＫスペシャル　なぜ隣人を殺したか～ルワンダ虐殺と煽動ラジオ放送～」だ。

過去にもあったフェイクとヘイト

一九九四年、アフリカのルワンダで大量虐殺事件が起きた。わずか三か月の間に多数派のフツが、少数派のツチの民衆八〇万人を殺害したのだ。この事件について、国連は特定の民族の抹殺を目的とした犯罪であるとして国際法廷を設置した。番組では、事件から三年経ってもルワンダ国内で拘束されている一三万人の虐殺加担容疑者の中から初めて釈放された青年を追っている。

この事件ではラジオ局「千の丘」(ルワンダの別名が「千の丘」と呼ばれることから)が、フツの人々に対し、ツチへの憎しみを煽り、普通の人たちが、隣人でもあるツチの人たちを襲撃。血なまぐさい虐殺が繰り広げられた。番組ではフツの人たちを扇動したラジオのアナウンサーにもインタビューしている。

あまりに衝撃的な事件ではあるが、振り返ってみると、決して過去の出来事ではない。ラジオ放送をネットに置き換えて考えてみたらどうか。根拠のない陰謀論を撒き散らしたり、特定の民族や集団に対する憎しみを煽ったりする書き込みの数々。状況は、あまりに似通っているのではないか。

だからこそ、過去の報道を現代の視点で見ることが必要なのだ。二度と悲劇を起こしてはならないからだ。

おわりに

ジャーナリズムの世界も「働き方改革」の時代。夜回り取材など時代遅れ。もはや「不適切極まりない」取材方法になってしまっているのかも知れない。

いまの記者たちは、政治家などの取材先とＬＩＮＥでやりとりをしているとも聞く。もちろん取材相手に深く食い込まなければＬＩＮＥでのやりとりができる関係にはなれないだろうから、これはこれで取材方法ではあるのだろう。

しかし、相手の顔が見えないところで、文字だけのメッセージで（スタンプもあるかもしれないが）、どれだけ相手の本音が摑めるのだろうか。

ぼくが警視庁で取材をしていたとき、捜査員の自宅に夜回りに行く時間が確保できず、やむをえず相手の自宅に電話をしたことがあった。このとき話を引き出そうとしたところ、「電話で話ができるか！」と怒られてしまった。苦い思い出だ。

取材とは、結局は相手と直接会い、相手の顔色と目の動きを見ながらするものだと思う。そのときこちらの質問になんと答えるのか。答えに詰まって目が宙をさまよったりすることはないのか、相手の口調に変化はないのか。そうしたことを総合的に判断することに尽きると思うのだ。いくらリモートワークの時代になったとはいえ、対面取材は欠かせない。

そう考えると、取材とはコスパ（コストパフォーマンス）が悪く、泥臭いものだと思う。夜回り先に何度行っても対応してくれない刑事がいたが、あるときさすがに可哀そうに思ってくれたのだろう。家に上げてくれたことがある。効率の悪いことこの上ないが、これが取材というものなのだ。

こうした取材を繰り返しているうちに、相手との信頼関係を築き、「お前にだけは話してやる」ということになれば一人前なのだろう。

そしてこれは、記者の取材の話だけではないだろう。コミュニケーションのあるべき姿、人間としての接し方、生き方に関わってくるものだろうと思う。

こうした自覚は、五〇年にわたるジャーナリストとしての試行錯誤の積み重ねによって、やっと得られたように思う。

いまさら遅きに失したことではあるが、これからジャーナリズムの世界に入ろうとしている人、いま記者人生の真っただ中にいる人、ジャーナリズムの現代史を知りたい人のために少しはお役に立てるかもしれない。

本書は新潮文庫の『記者になりたい！』に目を留めた早川書房の一ノ瀬翔太氏の「これをベースにその後の仕事の様子を書き足し、ジャーナリスト人生五〇年の総決算にしませんか」との提案によって実現しました。おかげで記者生活を改めて振り返ることができました。感謝しています。

五〇年経ってぼくは再びＮＨＫで仕事をすることになりました。二〇二四年四月から総合テレビの「時をかけるテレビ」のナビゲーターとして、過去のＮＨＫ番組を現代の視聴者に紹介する仕事をしています。本書と共に、これもまたテレビの仕事の総決算にしたいと考えています。

二〇二四年五月

ジャーナリスト　池上　彰

主要参考文献

朝日新聞社編『続　地方記者』朝日新聞社
浅野健一『新版　犯罪報道の犯罪』新風舎文庫
天野勝文・松岡新兒・植田康夫編著『新　現代マスコミ論のポイント』学文社
河村一男『日航機墜落　123便、捜索の真相』イースト・プレス
杉原美津子『生きてみたい、もう一度　新宿バス放火事件』新風舎文庫
中國新聞社報道部『ある勇気の記録　凶器の下の取材ノート』現代教養文庫
鶴岡憲一『メディアスクラム　集団的過熱取材と報道の自由』花伝社
三輪和雄『空白の五秒間　羽田沖日航機墜落事故』新風舎文庫
山本博『ジャーナリズムとは何か』悠飛社

〈写真提供〉
毎日新聞社（p.11, p.21, p.43, p.95, p.128, p.129, p.145, p.159, p.162, p.193）
共同通信社（p.166, p.167, p.184, p.187）
朝日新聞社（p.29, p.225）
Bettmann/Getty Images（p.19）
Wikimedia Commons/663highland（p.49）
Wikimedia Commons/Oilstreet（p.77）
時事通信社（p.179）
ロイター・ジャパン（p.221）

著者略歴
1950年生まれ。ジャーナリスト、名城大学教授、東京工業大学特命教授、東京大学客員教授、愛知学院大学特任教授、立教大学客員教授。信州大学などでも講義を担当。慶應義塾大学卒業後、73年にNHK入局。94年から11年間、「週刊こどもニュース」のお父さん役として活躍。2005年に独立。ニュースの基本と本質をわかりやすく解説する手腕に定評がある。角川新書「知らないと恥をかく世界の大問題」シリーズ、『昭和の青春』など著書多数。

ハヤカワ新書　025
総決算《そうけつさん》
ジャーナリストの50年
二〇二四年六月二十日　初版印刷
二〇二四年六月二十五日　初版発行
著　者　池上《いけがみ》彰《あきら》
発行者　早川　浩
印刷所　中央精版印刷株式会社
製本所　中央精版印刷株式会社
発行所　株式会社　早川書房
東京都千代田区神田多町二ノ二
電話　〇三‐三二五二‐三一一一
振替　〇〇一六〇‐三‐四七七九九
https://www.hayakawa-online.co.jp

ISBN978-4-15-340025-2 C0236

未知への扉をひらく

「ハヤカワ新書」創刊のことば

誰しも、多かれ少なかれ好奇心と疑心を持っている。そして、その先に在る納得が行く答えを見つけようとするのも人間の常である。それには書物を繙いて確かめるのが堅実といえよう。インターネットが普及して久しいが、紙に印字された言葉の持つ深遠さは私たちの頭脳を活性して、かつ気持ちに余裕を持たせてくれる。

「ハヤカワ新書」は、切れ味鋭い執筆者が政治、経済、教育、医学、芸術、歴史をはじめとする各分野の森羅万象を的確に捉え、生きた知識をより豊かにする読み物である。

早川浩

教育虐待

――子供を壊す「教育熱心」な親たち

石井光太

子供部屋で何が起きているのか

教育虐待とは、教育の名のもとに行われる違法な虐待行為だ。それは子供の脳と心をいかに傷つけるのか。受験競争の本格化から大学全入時代の今に至るまでゆがんだ教育熱はどのように生じ、医学部9浪母親殺害事件などの悲劇を生んだのか。親子のあり方を問う。

ハヤカワ新書
005

2020年代の想像力
——文化時評アーカイブス2021-23

宇野常寛

いま、この時代に、
虚構が持つ力のすべてを説き明かす

表現の内実よりも作品を語る行為の側に人々が快楽を覚える現代において「虚構」の価値はどこにあるのか？『シン・エヴァンゲリオン劇場版𝄇』『すずめの戸締まり』『怪物』などへの批評を通じて強大な「現実」に抗うための想像力を提示する最新文化時評三〇篇

ハヤカワ新書
011

見えないから、気づく

浅川智恵子／（聞き手）坂元志歩

全盲の研究者はどのように世界をとらえ、変えてきたのか？

14歳のとき失明。ハンディキャップを越え、世界初の「ホームページ・リーダー」などアクセシビリティ技術を生み、日本女性初の全米発明家殿堂入り。現在は日本科学未来館館長とＩＢＭフェロー（最高位の技術職）を務める研究者が明かす自身の半生と発想の源泉

ハヤカワ新書
013

インドの食卓
——そこに「カレー」はない

笠井亮平

14億人を支えるインドの「食」を読み解く！

日本人にもおなじみの「カレー」は、イギリスが植民地時代のインドに押し付けた概念である。インド人は「ダール」「サンバル」「コルマ」と細分化して呼ぶのだ——南アジア研究者がインド料理のステレオタイプを解きほぐし、その豊穣な食文化世界を案内する。

ハヤカワ新書
016

ＡＩガバナンス入門
——リスクマネジメントから社会設計まで

羽深宏樹

いま誰もが身につけるべきＡＩリテラシー

ＣｈａｔＧＰＴをはじめとする現在のＡＩは、巨大な便益とリスクを持ち合わせている。有効に活用するために何を心がけ、どのような社会を設計すべきか。京大「人工知能と法」ユニット特任教授を務める気鋭の弁護士が、「ＡＩガバナンス」の現状と未来を語る。

ハヤカワ新書
017

みんなで読む源氏物語

渡辺祐真 編

新・大河ドラマ「光る君へ」が
もっと楽しめる！

源氏はこんなに新しい！　『源氏物語』に通じ愛する面々が多方面から集結、その現代的な魅力を語りつくす。川村裕子、ニシダ、俵万智×安田登、三宅香帆、宮田愛萌、鴻巣友季子、円城塔×毬矢まりえ×森山恵、全卓樹、小川公代、近藤泰弘×山本貴光、角田光代

ハヤカワ新書
018

散歩哲学

——よく歩き、よく考える

島田雅彦

十条・池袋・高田馬場・阿佐ヶ谷・登戸・町田・新橋・神田・秋田ほかを歩きのめす！

人類史は歩行の歴史であり、カントや荷風ら古今東西の思想家・文学者も散歩を愛した。毎日が退屈なら、自由を謳歌したいなら、インスピレーションを得たいなら、ほっつき歩こう。新橋の角打ちから屋久島の超自然、ヴェネチアの魚市場まで歩き綴る徘徊エッセイ

ハヤカワ新書
021

テレビドラマは時代を映す

岡室美奈子

コロナ前後でドラマはどう変わった?
エンターテインメントの今後を見通す

マスクによるアイデンティティの喪失、日常の尊さの再発見、多様な生き方への賛歌。パンデミック前後の時代の空気を鋭敏に反映した傑作ドラマの数々の魅力を、テレビドラマ見巧者の前・早大演劇博物館館長が、70年にわたるテレビ史の流れも踏まえ熱く語る。

ハヤカワ新書
024